Weihnachtliche Backstube:

Butterblume

Zutaten:
250 g Butter oder Margarine, 250 g Zucker,
500 g Mehl, 1 Päckchen Vanillezucker,
3 Teelöffel Backpulver, 2 Eier,
1 - 3 Tropfen ätherisches Öl Citone

Hinweis:
Wir empfehlen jeden Morgen
drei Presslinge zu sich zu nehmen.

Mascha Kauka

Backen im Advent

Die besten Rezepte zu Weihnachten

Impressum

Weltbild Buchverlag
-Originalausgaben-

3. Auflage 2004

Konzeption und Redaktion: Mascha Kauka, Moosburg

© 1998 Fotos und Rezepte: Hans Döring, München und RV-Officin M. Pohl Verlag GmbH & Co., Moosburg, Karoly Henzö, Budapest

Umschlaggestaltung: X-Design, München

Layout: H.S. Medien GmbH, Helma Strobel, Starnberg

Druck und Bindung: Offizin Andersen Nexö Leipzig GmbH, Spenglerallee 26–30, 04442 Zwenkau

Gedruckt auf chlorfrei gebleichtem Papier

Printed in Germany

ISBN 3-89897-068-X

Backen im Advent

Die besten Rezepte zu Weihnachten

Weltbild

Inhaltsve

Seite 7
Vorwort

Seite 8

Seite 34

eichnis

Seite 60

Seite 94

Seite 128
Rezept-
verzeichnis

Zuckerbackwerke.

Ein Weihnachtsbackbuch mit nagelneuen Rezepten kann und soll es wohl auch nicht geben. Viel Vertrautes würde fehlen, das nun einmal zu Weihnachten gehört. Ein paar zusätzliche Ideen jedoch wären schon recht, etwas Neues, ein bißchen anders und natürlich viele gute Rezepte.

Wenn das die Mischung ist, die Ihnen gefällt, ist dieses Backbuch für Sie richtig. Es wahrt die Tradition und erlaubt sich Variationen zum Thema.

Süßes, duftendes Backwerk gehört zur Weihnachtszeit wie die bunten Eier zu Ostern. Nie wird so gebacken wie in diesen Tagen. Auch Ungeübte rühren und kneten eifrig, und für Kinder ist das Dekorieren der Plätzchen der größte Spaß.

Soviel Mühe muß belohnt werden, die fleißigen Weihnachtsbäcker sollen Erfolg haben! Damit auch alles gelingt, wurden die Rezepte in diesem Backbuch mehrfach erprobt und die Erfahrungen als Tips gesammelt.

Wenn Sie mehr als nur Omas Lieblingsmakronen backen möchten, ist vor allem die Zeitplanung wichtig. Deshalb sind die Rezeptvorschläge passend zu den Adventswochen in vier Kapitel eingeteilt.
So können Sie einer ganzen Milchstraße bis zum Weihnachtsstern folgen.

Wir wünschen fröhliches Backen und frohe Weihnachtstage!

23
19
12
9
14
21
6
17
13
24
7
4
10

1. ADVENT

Stollen · Früchtebrot, Panettone und anderes Hefegebäck · Kuchen mit Mohn und Nüssen

Weihnachtsstollen

einfach, braucht Zeit zum Einfrieren
2 Stollen

Hefeteig
- 1 kg Mehl und Mehl zum Verarbeiten
- 20 g Vanillinzucker
- 200 g Zucker
- 1 Prise Salz
- 2 Würfel Hefe, 84 g
- 1/2 l lauwarme Milch
- 400 g Butter
- 2 Eier
- 400 g Sultaninen
- 5 cl Rum
- geriebene Schale von je 1 unbehandelten Zitrone und unbehandelten Orange
- 150 g Zitronat
- 150 g Orangeat
- 100 g geschälte, gemahlene Mandeln
- je 1 TL Zimtpulver, Nelkenpulver und geriebene Muskatnuß

- 150 g weiche Butter zum Bestreichen
- 150 g Puderzucker zum Bestäuben

Die Zutaten für den Hefeteig abmessen und auf Zimmertemperatur erwärmen.

• Das Mehl mit dem Vanillinzucker, Zucker und Salz in eine große Schüssel sieben und eine Mulde hineindrücken. Die zerbröckelte Hefe in 1/4 l lauwarmer Milch auflösen und in die Mitte gießen. Mit Mehl bestäuben und diesen Vorteig zugedeckt bei guter Raumtemperatur 15–20 Minuten gehen lassen. Die geschmolzene, abgekühlte Butter mit den Eiern verrühren und samt der restlichen Milch zugießen.

• Mit der Hand läßt sich Hefeteig am besten schön glatt und luftig schlagen. Natürlich geht das auch mit einem Holzlöffel, dem Handmixer oder in der Küchenmaschine. Zu weichem Teig in dieser Phase noch Mehl zugeben. Sollte er zu fest sein, etwas Milch einarbeiten. Es ist wichtig, Luft in den Teig zu schlagen, die Hefezellen brauchen Sauerstoff.

• Damit der Teig seine typische, zähe Struktur bekommt, muß er etwa 10 Minuten geknetet werden. Es reicht nicht, die Zutaten nur zu verrühren.

• Die Sultaninen in dem Rum

ziehen lassen. Die Zitronen- und Orangenschale, Zitronat und Orangeat, Mandeln, Sultaninen und Gewürze nacheinander in den Teig einarbeiten. Den gründlich geschlagenen Teig zu einer Kugel formen und wieder in die Schüssel legen.

• Die Teigkugel mit Mehl bestäuben und die Schüssel mit einem Tuch zudecken. Hefeteig immer vor Zugluft schützen! Den Teig bei guter Raumtemperatur, ca. 21 °C, mindestens 30 Minuten gehen lassen. Dabei soll sich sein Volumen verdoppeln. Besonders feinporig wird der Teig, wenn man ihn nach dem Aufgehen kurz durchknetet und weitere 30 Minuten gehen läßt.

• Den Teig kurz kneten und halbieren. Jede Hälfte auf der bemehlten Arbeitsfläche zu einem etwa 25 cm langen Laib formen und in der Mitte der Länge nach mit dem Nudelholz flach drücken. Einen Wulst so auf den anderen legen, daß die typische Stollenform entsteht.

• Den Backofen auf 250 °C vorheizen. Die Stollen auf ein mit Backtrennpapier ausgelegtes Backblech legen, mit einem Tuch bedecken und nochmals 15 Minuten gehen lassen. Dann in den vorgeheizten Backofen auf die mittlere Schiene stellen, die Temperatur reduzieren und die Stollen bei 180 °C 55–60 Minuten backen.

• Nach dem Backen die noch warmen Stollen mit der Butter bestreichen und mit Puderzucker bestäuben.

Variation:

Marzipanstollen

1 Stollen

• 200 g Marzipan-Rohmasse mit 100 g Puderzucker und 2 Tropfen Bittermandelaroma kneten und zu einem Strang in der Länge des Stollens formen. Das Marzipan in die flach gedrückte Mitte legen und den Teig darüber zusammenschlagen. Backen wie den Weihnachtsstollen.

Mohnstollen

Dieser Stollen wird nicht wie üblich mit Hefeteig gebacken, sondern mit einem gekneteten Quarkteig.

einfach, braucht Zeit zum Einfrieren
20 Scheiben

Teig

- 500 g Mehl und Mehl für die Arbeitsfläche
- 1 Päckchen Backpulver
- 125 g Butter
- 2 Eier
- 125 g Zucker
- 1 Päckchen Vanillinzucker
- 1 Prise Salz
- 250 g Quark, 20 %
- 4 cl Rum
- 50 g gehacktes Zitronat
- 125 g geschälte, gehackte Mandeln

Mohnfüllung

- 150 g Sultaninen
- 6 cl Rum
- 1/2 l Milch
- 250 g gemahlener Mohn
- 2 Eier
- 80 g Zucker
- 1 Messerspitze Zimtpulver
- 70 g geschälte, gehackte Mandeln
- etwas Schlagsahne
- 60 g weiche Butter
- 60 g Puderzucker

Das Mehl mit dem Backpulver auf die Arbeitsfläche sieben und eine Mulde hineindrücken. • Die Butter in Stückchen darauf verteilen und die Eier in die Mitte geben. Beide Zuckersorten und Salz darüber streuen. Den gut abgetropften Quark und die restlichen Zutaten darüber verteilen und alles zu einem geschmeidigen Teig kneten. Zur Kugel formen und

zugedeckt ruhen lassen, bis die Mohnfüllung fertig ist.

• Die Sultaninen grob hacken und im Rum ziehen lassen.

• Die Milch einmal aufkochen, den gemahlenen Mohn damit brühen, abkühlen lassen. Die Eier mit Zucker und Zimt schaumig schlagen und die Mohnmasse einrühren. Die gehackten Mandeln und die Sultaninen zugeben.

• Den Teig etwa 2 cm dick zum Rechteck ausrollen, mit der Mohnfüllung bestreichen und dabei rundherum einen schmalen Rand frei lassen.

• An den beiden Enden den Teig über die Füllung schlagen und gleichmäßig zur Mitte aufrollen.

• Ein Backblech fetten und mit Mehl bestäuben oder Backtrennpapier verwenden. Den Stollen mit der Nahtstelle nach unten auf das Blech legen und die Enden etwas einschlagen. Die Oberfläche mit Schlagsahne bestreichen. Den Stollen im vorgeheizten Backofen bei 190 °C 60–70 Minuten backen.

• Den fertigen Stollen etwas abkühlen lassen und mit weicher Butter bestreichen, dann dick mit Puderzucker bestäuben.

Panettone

Panettone ist der traditionelle italienische Hefekuchen zu Weihnachten.

einfach, braucht Zeit zum Einfrieren
1 PANETTONE

Hefeteig
- 500 g Weizenmehl, Type 405, und Mehl zum Verarbeiten
- 70 g Zucker
- 1 TL Salz
- 30 g frische Hefe
- 1/8 l Milch
- 2 EL Butter
- 2 Eier

- 50 g Walnußkerne
- 50 g kandierte Früchte
- 50 g Sultaninen
- 2 EL Pinienkerne
- 1 TL gemahlener Anis
- 1 Päckchen Vanillinzucker

Für eine Form von 20 cm Durchmesser
- Butter, Semmelbrösel und Backtrennpapier

Die Zutaten abmessen und auf Zimmertemperatur erwärmen.

• Das Mehl mit Zucker und Salz in eine große Schüsssel sieben und eine Mulde hineindrücken. Die zerbröckelte Hefe in lauwarmer Milch auflösen und in die Mitte gießen. Mit Mehl bestäuben und diesen Vorteig zugedeckt bei guter Raumtemperatur 15–20 Minuten gehen lassen.

• Die geschmolzene, abgekühlte Butter mit den Eiern verrühren und zugießen. Etwa 1/8 Liter lauwarmes Wasser zugießen.

• Nüsse, kandierte Früchte, Sultaninen und Pinienkerne hacken und zusammen mit Anis und Vanillinzucker einarbeiten.

• Mit der Hand läßt sich Hefeteig am besten schön glatt und luftig schlagen. Natürlich geht das auch mit einem Holzlöffel, dem Handmixer oder in der Küchenmaschine. Zu weichem Teig in dieser Phase noch Mehl zugeben; sollte er zu fest sein, etwas Milch einarbeiten. Es ist wichtig, Luft in den Teig zu schlagen, die Hefezellen brauchen Sauerstoff.

• Damit der Teig seine typische, zähe Struktur bekommt, muß er etwa 10 Minuten geknetet werden. Es reicht nicht, die Zutaten nur zu verrühren. Den gründlich geschlagenen Teig zu einer Kugel formen und wieder in die Schüssel legen.

• Die Teigkugel mit Mehl bestäuben und die Schüssel mit einem Tuch zudecken. Hefeteig immer vor Zugluft schützen! Den Teig bei guter Raumtemperatur, ca. 21 °C, mindestens 30 Minuten gehen lassen. Dabei soll sich sein Volumen verdoppeln.

• Eine hohe, runde Auflaufform mit einer Manschette aus Backtrennpapier doppelt so hoch auslegen, fetten und mit Semmelbröseln ausstreuen.

• Die Form halbvoll mit Teig füllen und den Teig noch einmal gehen lassen, bis die Form 3/4 voll ist.

• Den Panettone im vorgeheizten Backofen bei 190 °C mindestens 1 Stunde 15 Minuten auf der unteren Schiene backen. Die Oberfläche nach 15 Minuten mit einem Messer kreuzweise einschneiden, damit sich eine „Krone" bilden kann.

• Den gebackenen Panettone zum Auskühlen aus der Form nehmen und auf ein Kuchengitter setzen.

SPECIALE

Weihnachtskranz

einfach, braucht Zeit zum Einfrieren
12 PORTIONEN

Teig
- 400 g Mehl und Mehl zum Verarbeiten
- 40 g feiner Zucker
- Salz
- 1 Würfel Hefe, 42 g
- 1/8 l Milch
- 100 g weiche Butter
- 1 Ei
- 2 Eigelb
- 1 Päckchen Vanillinzucker
- abgeriebene Schale von 1/2 unbehandelten Zitrone

Füllung
- 50 g Sultaninen
- 4 EL Rum
- 1 Beutel fertige Mohnmischung
- 50 g gemahlene Mandeln
- 1 Eiweiß

Zum Bestreichen
- 1 Eigelb
- 1 EL Milch

Die Zutaten abmessen und auf Zimmertemperatur erwärmen.

• Das Mehl mit Zucker und Salz in eine große Schüsssel sieben und eine Mulde hineindrücken. Die zerbröckelte Hefe in lauwarmer Milch auflösen und in die Mitte gießen. Mit Mehl bestäuben und diesen Vorteig zugedeckt bei guter Raumtemperatur 15–20 Minuten gehen lassen.

• Die geschmolzene, abgekühlte Butter mit den Eiern verrühren und zugießen. Vanillinzucker und die Zitronenschale einarbeiten.

• Mit der Hand läßt sich Hefeteig am besten schön glatt und luftig schlagen. Natürlich geht das auch mit einem Holzlöffel, dem Handmixer oder in der Küchenmaschine. Zu weichem Teig in dieser Phase noch Mehl zugeben; sollte er zu fest sein, etwas Milch einarbeiten. Es ist wichtig, Luft in den Teig zu schlagen, die Hefezellen brauchen Sauerstoff.

• Damit der Teig seine typische, zähe Struktur bekommt, muß er etwa 10 Minuten geknetet werden. Es reicht nicht, die Zutaten nur zu verrühren. Den gründlich geschlagenen Teig zu einer Kugel formen und wieder in die Schüssel legen.

• Die Teigkugel mit Mehl bestäuben und die Schüssel mit einem Tuch zudecken. Hefeteig immer vor Zugluft schützen! Den Teig bei guter Raumtemperatur 1 Stunde gehen lassen. Dabei soll sich sein Volumen verdoppeln. Danach den Teig noch einmal durchkneten.

• Für die Füllung die Sultaninen hacken und in dem Rum marinieren. Nach ca. 30 Minuten mit den restlichen Füllungszutaten gut vermischen.

• Den Hefeteig zu einem Rechteck von 25 x 60 cm ausrollen und für die Schleife 10 cm vom schmalen Ende abschneiden. Den Teig in voller Länge und halber Breite mit der Füllung bestreichen.

• Dann von der gefüllten Längsseite her aufrollen und die Rolle auf einem mit Backtrennpapier ausgelegten Blech zum Ring legen. Die Enden mit Eiweiß bestreichen und fest aneinander drücken.

• Den 10 cm breiten Streifen etwas länger ausrollen, um die Nahtstelle legen und knoten.

• Das Eigelb und die Milch verrühren. Den Kranz und die Schleife damit bestreichen. Mit der Küchenschere ringsum im Zickzack kleine Einschnitte anbringen. Im vorgeheizten Backofen bei 200 °C ca. 5 Minuten backen, dann die Hitze reduzieren und bei 180 °C fertig backen.

Tip

Der Kranz ist auch ohne weitere Verzierung sehr dekorativ.

Mögliche Garnierung:
100 g Puderzucker und 1 Eßlöffel Zitronensaft glatt rühren, in den Spritzbeutel mit sehr feiner Lochtülle füllen und den Zackenrand des Kranzes in mehreren Linien nachziehen. Mit dem Kernhausausstecher ein Loch in den Knoten stechen und eine Kerze hineindrücken.

Kletzenbrot

Birnen über Nacht einweichen. Früchteteig über Nacht ziehen lassen.

einfach, braucht Zeit
4 BROTE

- 600 g getrocknete Birnen (Kletzen)
- 1/8 l Rotwein
- 1 EL Butter
- 30 g Zitronat
- 100 g Walnußkerne
- 250 g Korinthen
- 1 TL Zimtpulver
- 1 Messerspitze Nelkenpulver
- 1 EL Rosenwasser
- 10 cl Kirschwasser

Brotteig

- 500 g Mehl und Mehl zum Verarbeiten
- 15 g Hefe
- 30 g Zucker
- 1/4 l lauwarme Milch
- 1 Ei
- 30 g Butter
- 1 Prise Salz
- abgeriebene Schale von 1 unbehandelten Zitrone
- Butter für das Backblech
- 1 Ei zum Bestreichen

Die Birnen über Nacht in einer großen Schüssel in 1/2 Liter Wasser einweichen. Am nächsten Morgen die Birnen in einem Topf mit der Hälfte des Einweichwassers, dem Rotwein und der Butter 25 Minuten weich kochen. Dann in ein Sieb abschütten.

• Birnen, Zitronat und Walnußkerne grob hacken. Alles mit den Korinthen, Zimt, Nelken, Rosenwasser und Kirschwasser in einer Schüssel vermischen. Die Schüssel mit Folie abdecken und die Zutaten über Nacht an einem warmen Ort ziehen lassen.

• Am nächsten Tag für den Brotteig das Mehl in eine Schüssel sieben und in die Mitte eine Mulde drücken. Die Hefe hineinbröckeln und etwas Zucker darauf streuen. Mit 1 Eßlöffel lauwarmer Milch und etwas Mehl einen Vorteig herstellen. Zugedeckt 15 Minuten gehen lassen. Dann die restlichen Zutaten einkneten. Alles so lange zu einem Teig schlagen, bis er Blasen wirft. Zugedeckt noch einmal 20 Minuten gehen lassen.

• Die Hälfte des Brotteigs mit der Birnenmasse verkneten. Aus dem Früchteteig 4 gleich große Brotlaibe formen.

• Den restlichen Hefeteig auf der bemehlten Arbeitsfläche 1 1/2 cm dick ausrollen und in 4 Rechtecke schneiden. Jedes Früchtebrot so in ein Teigrechteck einwickeln, daß die Nahtstelle auf der Unterseite liegt. Die obere, glatte Teigfläche mehrmals mit einer Gabel einstechen.

• Ein Backblech mit Butter einfetten und mit Mehl bestäuben. Die 4 Brote mit Abstand auf das Blech legen und 10 Minuten gehen lassen. Dann mit dem verquirlten Ei bestreichen.

• Im vorgeheizten Backofen auf der mittleren Schiene bei 200 °C 1 Stunde backen. Das fertige Kletzenbrot aus dem Ofen nehmen und auf einem Kuchengitter auskühlen lassen. Nach 2 Tagen zum Aufbewahren in Alufolie wickeln.

• Zum Servieren in 1 1/2 cm dicke Scheiben schneiden.

Tip

Die Zutaten können je nach Bedarf reduziert werden. Doch der Zeitaufwand bei der Herstellung ist so groß, daß sich das Backen von 4 oder mehr Broten auf einmal lohnt. Das Kletzenbrot ist sehr lange haltbar und eignet sich gut als Weihnachtsgeschenk.

Skandinavisches Adventsgebäck

einfach, braucht Zeit

- ★ 1,5 kg Mehl
  und Mehl zum Verarbeiten
- ★ 330 g Zucker
- ★ 2 TL Salz
- ★ 100 g frische Hefe
- ★ 3/4 l Milch
- ★ 400 g Butter
- ★ 5 g Safranpulver
- ★ 3 TL gestoßener Kardamom
- ★ 2 Eier
- ★ 150 g geschälte,
  gemahlene Mandeln
- ★ 150 g Sultaninen

zum Verzieren

- ★ 1 Eigelb
- ★ Sultaninen oder Korinthen

Die Zutaten abmessen und auf Zimmertemperatur erwärmen.

• Die halbe Menge Mehl mit Zucker und Salz in eine große Schüsssel sieben und eine Mulde hineindrücken. Die zerbröckelte Hefe in 1/4 l lauwarmer Milch auflösen und in die Mitte gießen. Mit Mehl bestäuben und diesen Vorteig zugedeckt bei guter Raumtemperatur 15–20 Minuten gehen lassen.

• Die geschmolzene, abgekühlte Butter, Safran, Kardamom und die Eier verrühren und samt der restlichen Milch zugießen. Das restliche Mehl und die gemahlenen Mandeln einarbeiten.

• Die Sultaninen überbrühen, trockentupfen und ebenfalls zugeben.

• Mit der Hand läßt sich Hefeteig am besten schön glatt und luftig schlagen. Natürlich geht das auch mit einem Holzlöffel, dem Handmixer oder in der Küchenmaschine. Zu weichem Teig in dieser Phase noch Mehl zugeben; sollte er zu fest sein, etwas Milch einarbeiten. Es ist wichtig, Luft in den Teig zu schlagen, die Hefezellen brauchen Sauerstoff.

• Damit der Teig seine typische, zähe Struktur bekommt, muß er etwa 10 Minuten geknetet werden. Es reicht nicht, die Zutaten nur zu verrühren.

Den gründlich geschlagenen Teig zu einer Kugel formen und wieder in die Schüssel legen.

- Die Teigkugel mit Mehl bestäuben und die Schüssel mit einem Tuch zudecken. Hefeteig immer vor Zugluft schützen! Den Teig bei guter Raumtemperatur, ca. 21 °C, 1 Stunde gehen lassen.

- Den Teig auf die bemehlte Arbeitsfläche legen und gut durchkneten. Den Teig aufteilen, lange Stränge ziehen und die verschiedenen Formen oder Weihnachtsmännchen nach der Abbildung legen.
- Die Hefestücke auf ein gefettetes Backblech legen. Mit verquirltem Eigelb bestreichen und mit Sultaninen verzieren.
- Das Gebäck im vorgeheizten Backofen bei 180 °C ca. 20 Minuten goldbraun backen.

Variation:

Figuren

Aus diesem Teig, allerdings ohne Sultaninen, lassen sich viele andere Figuren nach Schablone oder freier Fantasie schneiden: Nikolaus, Engelchen und Tannenbäume sind ein dauerhafter Schmuck am Christbaum.

Früchtekuchen

Die Früchte sollten 2 Stunden in Rum ziehen.
Den Kuchen 1-2 Wochen ruhen lassen.

einfach, braucht Zeit zum Einfrieren
16 Scheiben

- 125 g Zitronat
- 125 g Orangeat
- 250 g getrocknete Feigen
- 400 g getrocknete Datteln
- 200 g getrocknete Aprikosen
- 500 g Sultaninen
- 100 ml Rum
- 500 g ungeschälte Haselnußkerne

Teig
- 3 Eier
- 125 g Zucker
- 1 TL Zimtpulver
- 1/2 TL Nelkenpulver
- 1/2 TL gestoßener Kardamom
- abgeriebene Schale von je 1 unbehandelten Zitrone und Orange
- 200 g Mehl
- 1 Päckchen Backpulver

Das Zitronat und Orangeat fein hacken. Die Feigen, Datteln und Aprikosen halbieren. Die Früchte und Sultaninen in den Rum legen und mindestens 2 Stunden ziehen lassen. Die Haselnußkerne grob zerteilen.

- Für den Teig die Eier und den Zucker mindestens 5 Minuten lang schaumig schlagen, die Gewürze und Zitrusschalen einrühren. Das Mehl mit dem Backpulver vermischen und nach und nach unter die Masse mischen. Die Früchte samt dem Rum und die Nüsse dazugeben.
- 2 Kastenformen von je 1 Liter Inhalt mit Backtrennpapier auslegen und den Teig einfüllen. Den Früchtekuchen im vorgeheizten Backofen bei 180 °C auf der untersten Schiene ca. 75 Minuten backen.
- Den fertigen Kuchen sofort auf ein Kuchengitter stürzen, die Form abnehmen und auch das Papier vom noch warmen Kuchen abziehen.
- Den völlig ausgekühlten Kuchen in eine Zellophantüte oder in Folie packen. Er soll mindestens 1–2 Wochen ruhen. Wird er zu Weihnachten gewünscht, kann der Früchtekuchen 3–4 Wochen vorher gebacken werden.

Tip

Es lohnt sich, gleich zwei Kuchen von der doppelten Menge herzustellen. Einen Kuchen eventuell einfrieren.

Festtagskuchen

einfach, braucht Zeit
16 Scheiben

- ★ 100 g weiche Butter und Fett für die Form
- ★ 150 g Zucker
- ★ 1 Päckchen Vanillinzucker
- ★ 6 Eier, getrennt
- ★ 2 EL Rum
- ★ 2 TL Pulverkaffee
- ★ 100 g Löffelbiskuits
- ★ 100 g gemahlene Mandeln oder Haselnüsse und Nüsse für die Form
- ★ 80 g gehackte kandierte Früchte
- ★ 1 EL Mehl
- ★ 1 Prise Salz
- ★ 2 EL Aprikosenmarmelade
- ★ 100 g Puderzucker
- ★ 2 EL Zitronensaft
- ★ bunte kandierte Früchte zum Verzieren

Die Butter mit Zucker und Vanillinzucker schaumig rühren. Das Eigelb nach und nach zugeben, mit dem Rum und dem Pulverkaffee verrühren, bis der Zucker sich gelöst hat.

• Die Löffelbiskuits in eine Plastiktüte geben, mit der Teigrolle fein zerkrümeln. Zusammen mit den Nüssen zum Teig geben.

• Eine Kastenform fetten und mit Nüssen ausstreuen.

• Die kandierten Früchte im Mehl wälzen und unter den Teig ziehen.

• Das Eiweiß mit dem Salz zu steifem Schnee schlagen und mit einem Löffel vorsichtig unter den Teig heben. Die Masse in die Form füllen und glatt streichen.

• Im vorgeheizten Backofen bei 160 °C auf der mittleren Schiene etwa 90 Minuten backen (Garprobe).

• Die Aprikosenmarmelade mit 1 Eßlöffel heißem Wasser glatt rühren. Den Kuchen auf ein Kuchengitter stürzen und noch heiß mit der Marmelade bestreichen.

• Den Kuchen auskühlen lassen. Puderzucker mit Zitronensaft glatt rühren und Oberfläche und Seiten des Kuchens damit bestreichen. Mit den kandierten Früchten verzieren und die Glasur fest werden lassen.

Walnuß-Rehrücken

einfach, braucht Zeit zum Einfrieren
16 Scheiben

- 100 g Sultaninen
- 50 ml Rum
- 170 g Walnußkerne
- 5 Eigelb
- 120 g Puderzucker
- 3 EL Mehl
- Fett für die Form
- Semmelbrösel für die Form
- 3 Eiweiß
- 1 Prise Salz

Guß

- 125 g Zartbitter-Kuvertüre
- 10 halbe Walnußkerne

Die Sultaninen mindestens 1 Stunde im Rum ziehen lassen.

• 150 g Walnußkerne mahlen, den Rest grob hacken.

• Das Eigelb und den Puderzucker mit dem Handrührgerät zu einer dicklichen, weißen Creme aufschlagen.

• Die Sultaninen in einem Sieb abtropfen lassen, mit den Walnüssen im Mehl wenden, beides unter die Masse heben.

• Eine Rehrückenform fetten und mit Semmelbröseln ausstreuen.

• Das Eiweiß mit dem Salz zu steifem Schnee schlagen und vorsichtig unter die Masse heben. In die Form füllen.

• Im vorgeheizten Backofen bei 200 °C auf der mittleren Schiene 30–35 Minuten backen.

• In der Form 10 Minuten abkühlen lassen. Auf ein Kuchengitter stürzen und völlig auskühlen lassen.

• Die Kuvertüre im heißen Wasserbad schmelzen, über den Kuchen träufeln und mit einem Pinsel gleichmäßig verstreichen. Mit Walnußhälften garnieren. Den Guß am besten über Nacht fest werden lassen.

Vollkorn-früchtebrot

Trockenfrüchte 2 Stunden einweichen

einfach, braucht Zeit zum Einfrieren
30 Scheiben

- ★ 250 g getrocknete Feigen
- ★ 250 g getrocknete Pflaumen
- ★ 125 g getrocknete Aprikosen
- ★ 75 g Zitronat
- ★ 75 g Orangeat
- ★ 250 g Sultaninen
- ★ 250 g Haselnußkerne
- ★ 50 g Ahornsirup
- ★ 4 Eier
- ★ 4 cl Obstbrand
- ★ 1 TL Zimtpulver
- ★ 1/2 TL Nelkenpulver
- ★ 1 Prise Salz
- ★ 125 g Vollkornmehl
- ★ 2 EL Semmelbrösel
- ★ Butter für die Form

Die Feigen, Pflaumen und Aprikosen grob hacken und in 1/2 Liter lauwarmem Wasser 2 Stunden einweichen. Zitronat, Orangeat und Sultaninen fein hacken.

• Die Haselnüsse auf einem Backblech auf der mittleren Schiene im Backofen bei 175 °C 10 Minuten rösten, damit die Häutchen aufplatzen. Die Nüsse auf ein Küchentuch schütten

und so lange reiben, bis die Häutchen ganz abgelöst sind.

• Die eingeweichten Früchte in ein Sieb schütten und abtropfen lassen. Dann in eine große Schüssel umfüllen, Zitronat, Orangeat, Sultaninen und die ganzen Haselnüsse dazugeben. Ahornsirup, Eier, Obstbrand, Zimt, Nelken und Salz gut untermischen. Das Mehl darüber sieben, die Semmelbrösel zufügen. Alles gründlich zu einem lockeren Teig vermengen.

• Eine große Kastenform mit reichlich Butter ausstreichen und den Früchteteig hineinfüllen. Im vorgeheizten Backofen bei 175 °C auf der mittleren Schiene ca. 45 Minuten backen.

• Das fertige Früchtebrot in der Form 10 Minuten abkühlen lassen, dann zum Auskühlen auf ein Kuchengitter stürzen. Danach zum Aufbewahren in Alufolie wickeln.

• Zum Servieren in 1/2 cm dicke Scheiben schneiden.

Tip
Es lohnt sich, die doppelte Menge herzustellen und 1 Früchtebrot einzufrieren.

Anisbrot

Anisbrot über Nacht trocknen lassen

einfach, braucht Zeit
20 Scheiben

- ★ 6 Eier, getrennt
- ★ 250 g Zucker
- ★ 1 Prise Salz
- ★ 250 g Mehl
- ★ abgeriebene Schale von 1 unbehandelten Zitrone
- ★ 3 TL gemahlener Anis
- ★ 1/2 TL Hirschhornsalz
- ★ Butter für die Form
- ★ 4 Päckchen Vanillinzucker

Das Eigelb 15–20 Minuten mit dem Zucker schaumig rühren, bis die Masse dickflüssig und fast weiß ist. Das Eiweiß mit dem Salz steif schlagen und unterheben.

• Nach und nach das Mehl unterrühren. Die Zitronenschale, den Anis und das Hirschhornsalz zufügen.

• Eine große Kastenform gut mit Butter ausstreichen und den Teig hineinfüllen. Im vorgeheizten Backofen bei 175 °C auf der mittleren Schiene etwa1 Stunde backen.

• Danach aus der Form auf ein Kuchengitter stürzen und etwas auskühlen lassen. Das Anisbrot in 1 cm dicke Scheiben schneiden und auf ein ungefettetes Backblech legen. Mit einem Küchentuch bedecken und über Nacht trocknen lassen.

• Die Scheiben am nächsten Tag im vorgeheizten Backofen bei 175 °C auf der mitttleren Schiene auf beiden Seiten je 5 Minuten rösten. Dann aus dem Backofen nehmen und die Anisbrotscheiben noch heiß im Vanillinzucker wenden. Auf einem Kuchengitter auskühlen lassen. In Alufolie verpackt aufbewahren.

Bischofsbrot

einfach, braucht Zeit zum Einfrieren
16 SCHEIBEN

- ★ 120 g weiche Butter und Fett für die Form
- ★ 140 g Zucker
- ★ 6 Eier, getrennt
- ★ 120 g (insgesamt) Walnußkerne, Mandeln, Haselnußkerne, getrocknete Quitten, Blockschokolade, Orangeat
- ★ 140 g Mehl und Mehl für die Form
- ★ 1 Prise Salz
- ★ 1 EL Puderzucker

Butter, Zucker und das Eigelb schaumig rühren. Die Nüsse und Früchte (Zusammensetzung nach Wunsch) grob zerkleinern, mit dem Mehl mischen und löffelweise unter die Eimasse rühren.

• Eine Rehrücken- oder Napfkuchenform fetten und mit Mehl ausstreuen.

• Das Eiweiß mit Salz steif schlagen und vorsichtig unter die Masse heben. Die Masse in die Form geben, glattstreichen und im vorgeheizten Backofen bei 150 °C auf der mittleren Schiene 55–60 Minuten backen (Garprobe mit Holzspieß).

• In der Form erkalten lassen, stürzen und mit Puderzucker bestäuben.

Nuß- und Mohnrollen

einfach, braucht Zeit zum Einfrieren
4 Rollen

Teig
- ★ 1/2 Würfel Hefe, 21 g
- ★ 50 ml lauwarme Milch
- ★ 1 TL Zucker
- ★ 500 g Mehl und Mehl zum Verarbeiten
- ★ 60 g Puderzucker
- ★ 1 Prise Salz
- ★ 220 g weiche Butter
- ★ 150 g saure Sahne
- ★ 1 Eigelb

Nußfüllung
- ★ 50 g Sultaninen
- ★ 5 cl Rum
- ★ 180 g Puderzucker
- ★ 250 g Walnußkerne
- ★ 2 EL Semmelbrösel
- ★ abgeriebene Schale von 1/2 unbehandelten Zitrone
- ★ 20 g Vanillinzucker

Mohnfüllung
- ★ 50 g Sultaninen
- ★ 5 cl Rum
- ★ 200 g Puderzucker
- ★ 250 g gemahlener Mohn
- ★ 2 EL Semmelbrösel
- ★ abgeriebene Schale von 1/2 unbehandelten Zitrone
- ★ 2 EL Aprikosenkonfitüre

- ★ 2 Eigelb zum Bestreichen

Die Hefe in die lauwarme Milch bröckeln und mit dem Zucker verrühren. An einem warmen Ort oder im Backofen bei 50 °C stehen lassen, bis sich Blasen bilden.

• Das Mehl mit dem Puderzucker und dem Salz in eine Schüssel sieben. Die angesetzte Hefe zugießen. Die Butter in Flöckchen zugeben und zunächst nur 100 g saure Sahne und das Eigelb. Die Zutaten vermengen und den Teig mindestens 5 Minuten kräftig durcharbeiten. Nach Bedarf die restliche saure Sahne zugeben. Den Teig in der Schüssel mit einem Tuch bedeckt bei kühler Raumtemperatur etwa 1 Stunde gehen lassen. Er soll nicht zu stark treiben!

• Inzwischen für beide Füllungen 100 g Sultaninen in 100 ml Rum einweichen.

• Für die Nußfüllung den Puderzucker mit 100 ml Wasser zu einem klaren Sirup kochen und vom Herd nehmen. Die Walnußkerne fein mahlen und mit den Semmelbröseln in den Sirup rühren. Zitronenschale, Vanillinzucker und die Hälfte der in Rum eingeweichten Sultaninen mit der Nußmasse vermischen.

• Für die Mohnfüllung den Puderzucker mit 100 ml Wasser zu einem klaren Sirup kochen und vom Herd nehmen. Den gemahlenen Mohn und die Semmelbrösel einrühren. Dann die abgeriebene Zitronenschale und die restlichen Sultaninen untermischen.

• Den Teig aus der Schüssel auf die bemehlte Arbeitsfläche geben, einmal durchkneten und in 4 gleich große Portionen teilen. Jedes Teigstück sehr dünn zu einem Quadrat von etwa 40 x 40 cm ausrollen. 2 Teigplatten mit der Nußmasse bestreichen, die anderen beiden mit der Mohnmasse und dabei an den Rändern 2 cm freilassen.

• Die Aprikosenkonfitüre in kleinen Häufchen über die Mohnfüllung verteilen.

• Die gefüllten Teigstücke eng aufrollen und die Enden einschlagen.

• Das Eigelb verquirlen und die 4 Teigrollen damit bestreichen. Das Eigelb antrocknen lassen, die Rollen ein zweites Mal bestreichen und 30 Minuten ruhen lassen.

• Die Rollen mit einer Gabel gleichmäßig einstechen und auf 2 Backblechen in den kalten Backofen stellen. Während 15 Minuten den Backofen auf 200 °C aufheizen. Dann die Temperatur auf 150 °C zurückstellen und die Rollen weitere 25 Minuten backen. Kurz vor Ende der Backzeit mit einem

Holzspieß eine Garprobe machen: Der Teig soll trocken sein.

• Die gebackenen Rollen auf dem Kuchengitter auskühlen lassen und zum Servieren in gut 1 cm breite Scheiben aufschneiden.

Feigenrolle

Die Rolle 1 Tag ruhen lassen

einfach, braucht Zeit
40 Scheiben

Teig

- 500 g getrocknete Feigen
- 150 g ungeschälte Mandeln
- 30 g weiche Butter
- 150 g Zucker
- Saft von 1 Zitrone
- 2 EL Rum

- Puderzucker zum Bestäuben

Füllung

- 50 g Zitronat
- 120 g Zucker
- 250 g gemahlene Mandeln
- 20 g Butter
- Saft von 1/2 Zitrone
- 3 EL Kokosraspel

Die Feigen und die Mandeln fein hacken oder zweimal durch den Fleischwolf drehen. Die Masse mit Butter, Zucker, Zitronensaft und Rum vermengen. Aus der Masse eine gleichmäßige Rolle formen.

• Ein Stück Alufolie mit Puderzucker bestäuben. Die Feigenrolle darauf legen und dünn zu einem Rechteck ausrollen.

• Für die Füllung das Zitronat fein hacken. In einem kleinen Topf bei mittlerer Hitze den Zucker mit 2–3 Eßlöffel Wasser unter Rühren zu einem dickflüssigen Sirup kochen und vom Herd nehmen. Zitronat, gemahlene Mandeln, Butter und Zitronensaft unter den Zuckersirup mischen.

• Die Füllung auf der Feigenmasse gleichmäßig verstreichen. Mit Hilfe der Alufolie zu einer festen Roulade einrollen und über Nacht im Kühlschrank aufbewahren.

• Am nächsten Tag die Feigenrolle in Kokosraspeln wälzen und in 1 cm dicke Scheiben aufschneiden. Mit Pergamentpapier in Blechdosen schichten und kühl nicht länger als 14 Tage aufbewahren.

23
19
12
14
21
17
13
24

2. ADVENT

Das Lebkuchenhaus
Pfeffernüsse · Printen
Springerle und Speku-
latius · Dekoratives aus
Salzteig

Bunte Lebkuchen

Die Anzahl hängt von der Größe ab.
einfach, braucht Zeit

- 200 g Honig
- 200 g Zucker
- 2 Eier
- abgeriebene Schale von 1 unbehandelten Zitrone
- 50 g Zitronat
- 50 g Orangeat
- 70 g Mandelstifte
- ½ TL Zimtpulver
- 1 Prise Salz
- je 1 Prise Muskatnuß, Nelkenpfeffer und Kardamom, gemahlen
- 500 g Mehl und Mehl zum Verarbeiten
- 1 Päckchen Backpulver

Garnitur

- 250 g Puderzucker
- 2 EL Zitronensaft
- Speisefarben
- Dekorperlen
- Nüsse
- kandierte Früchte

Den Honig mit dem Zucker in einem Topf erhitzen, bis sich der Zucker gelöst hat, dann auskühlen lassen. Eier, abgeriebene Zitronenschale, Zitronat, Orangeat, Mandelstifte und Gewürze einrühren.

• Das Mehl und das Backpulver mischen, über die Honigmasse sieben, unterrühren und kräftig durchkneten.

• Die Masse auf der Arbeitsfläche etwa 1/2 cm dick ausrollen und Rechtecke, Rauten und beliebige Plätzchenformen ausschneiden bzw. ausstechen.

• Ein Backblech mit Wasser bespritzen, die Lebkuchen darauf setzen und im vorgeheizten Backofen bei 180 °C auf der mittleren Schiene ca.10 Minuten backen. Auf einem Kuchengitter abkühlen lassen.

• Puderzucker und Zitronensaft verrühren und die Lebkuchen damit überziehen oder den Guß mit Speisefarbe einfärben. Dekorperlen, Nüsse oder Früchte in den noch feuchten Guß drücken.

Das Lebkuchenhaus

Fertigstellung 2 Tage

Lebkuchenteig

- 800 g Honig
- 2 Beutel Gewürzmischung für Lebkuchen
- 1 TL Salz
- 2 gestrichene TL Backpulver
- geriebene Schale von 2 unbehandelten Zitronen
- 3 EL Kakaopulver
- 1 kg Mehl

Zum Kleben und Verzieren

- 3 Päckchen Puderzucker
- rote Speisefarbe
- 100 g Marzipan-Rohmasse
- blaue Speisefarbe
- abgezogene Mandeln
- Zuckerperlen in verschiedenen Farben und Größen
- und/oder kandierte Früchte
- Schokolinsen

Den Honig mit 4 Eßlöffel Wasser unter Rühren erwärmen, bis er gut flüssig ist, dann etwas abkühlen lassen.

• Die Gewürze und alle übrigen Zutaten vermengen und nach und nach in den Honig sieben, dabei mit einem Kochlöffel rühren. Schließlich den Teig auf der bemehlten Arbeitsfläche gründlich durchkneten und zugedeckt bei Zimmertemperatur über Nacht ruhen lassen.

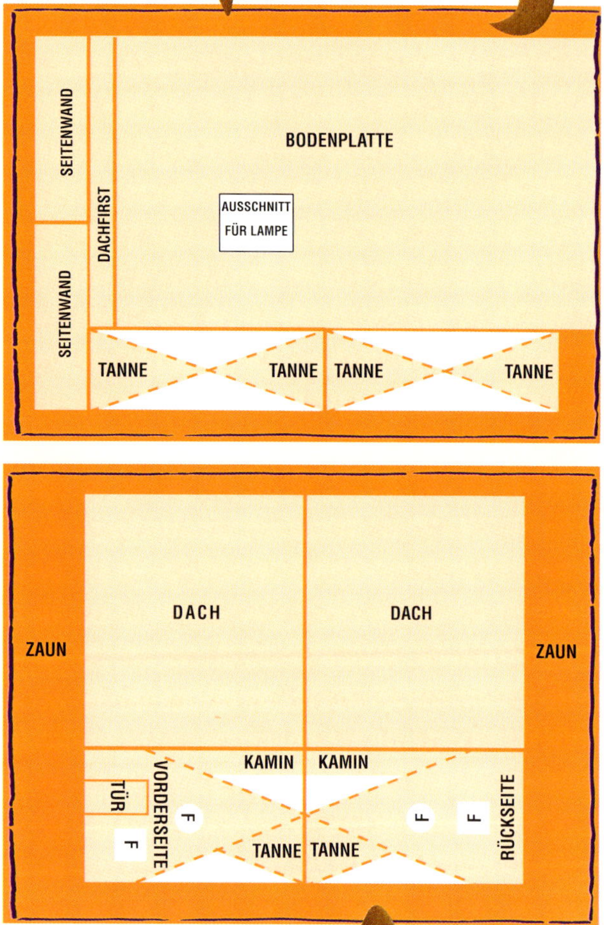

Die beiden Schablonen für das Haus ungefähr 5mal größer anlegen (entspricht einem Backblech von 30 x 40 cm Größe). Die benötigten Teile, außer dem Zaun, aus Papier ausschneiden.

Erst, wenn das Häuschen fertig montiert ist, die Bäume und den Zaun aufstellen. Manchem mag es leichter fallen, die Verzierungen auf die liegenden Lebkuchenteile zu spritzen. Vor dem Montieren gut trocknen lassen (Kühlschrank!).

Die Rückseite des Lebkuchenhauses. Es sollte rundherum hübsch anzusehen sein.

• Den Teig halbieren und zu 2 Platten, 7 mm dick, ausrollen.

• Das Backblech mit Backtrennpapier und einer Teigplatte belegen und den Lebkuchen im vorgeheizten Backofen bei 180 °C auf der mittleren Schiene 20 Minuten backen.

• Den gebackenen Lebkuchen auf die Arbeitsfläche stürzen und das Backtrennpapier abziehen. Während die zweite Teigplatte bäckt, aus dem noch warmen Lebkuchen mit Hilfe der Schablonen die Hausteile schneiden. Mit der zweiten Lebkuchenplatte ebenso verfahren.

• Für die runden Fenster und die Verzierung am Zaun einen Kernhausausstecher verwenden. Da nicht alle Lebkuchenränder für den Zaun gebraucht werden, können daraus auch noch weitere kleine Tannenbäume, Fensterläden oder Verzierungen geschnitten werden.

• Die Tür und die Fenster mit Blattgelatine und/oder Pergamentpapier hinterkleben. Entweder rote Blattgelatine verwenden oder weiße und dann ein rotes Lämpchen zur Hausbeleuchtung nehmen.

• Klebstoff für alle Teile ist Puderzucker, der mit wenig Wasser zähflüssig angerührt wird. Zum Verzieren den Spritzbeutel mit einer möglichst feinen Lochtülle verwenden. Das Dach ist teilweise mit rosa Zuckerguß verziert, dazu reichen 100 g Puderzucker, 2 Eßlöffel Wasser und 1 Tropfen rote Speisefarbe.

• Die türkisfarbenen Kugeln auf dem Dach und die Holzbalken an der Front und der Rückseite des Hauses sind aus Marzipan, mit 1 Tropfen blauer Speisefarbe verknetet.

• Die beiden Teile des Kamins wurden aneinander und dann auf das Dach geklebt.

• Wenn alles fertig ist, etwas Watte als Rauch auf den Kamin kleben, über das gesamte Kunstwerk Puderzucker schneien lassen und durch den Ausschnitt in der Bodenplatte das Lämpchen einführen. Kein Teelicht verwenden – damit würde es dem Haus zu warm!

Tip

Den Lebkuchenteig gleich von 1,5 kg Mehl zubereiten und eine dritte Teigplatte ausrollen. Mit Förmchen aus dem rohen Teig Figuren stechen und ebenso wie die Lebkuchen für das Häuschen backen. Bei sehr kleinen Motiven nur 15 Minuten.
Dieser Lebkuchenteig ist ideal zum Basteln und für dauerhafte Figuren, die man an den Christbaum hängt – zum Essen gibt es feinere Teigmischungen.

Elisen-lebkuchen

einfach, braucht Zeit
20 STÜCK

- 5 Eier, getrennt
- 350 g Zucker
- 170 g gemahlene Mandeln
- 100 g Zitronat
- 70 g Orangeat
- 1 TL Zimt
- 1/2 TL Nelkenpulver
- 1/2 TL gestoßener Kardamom
- 1/2 TL gemahlene Muskatblüte
- 250 g Mehl
- 1 g Natron
- 20 Oblaten
- 50 g ganze, geschälte Mandeln zum Garnieren

Das Eigelb mit dem Zucker verrühren. Das Eiweiß zu steifem Schnee schlagen, zu der Eigelbmasse geben und alles 15 Minuten rühren.

- Dann die Mandeln, Zitronat, Orangeat, Gewürze und zum Schluß das Mehl und das Natron zugeben und verrühren. Es muß eine ziemlich feste Masse entstehen.
- Die Masse auf die Oblaten streichen und mit den Mandeln verzieren. Über Nacht trocknen lassen.
- Die abgetrockneten Lebkuchen im vorgeheizten Backofen bei 175 °C ca. 20 Minuten hellbraun backen.
- Die Lebkuchen nach Belieben mit einem Guß aus Puderzucker und Zitronensaft überziehen.

Weiße Lebkuchen

einfach, braucht Zeit
60 STÜCK

- 4 Eier, getrennt
- 250 g Zucker
- 1 Prise Salz
- 75 g Zitronat
- 75 g Orangeat
- 1 TL Zimt
- 1 Messerspitze Nelkenpulver
- 1 Messerspitze Pottasche
- 6 cl Kirschgeist
- 400 g Mehl
  und Mehl zum Verarbeiten
- 10 Belegkirschen
- 20 halbe Walnußkerne
- 30 g Zucker
- 30 g gemahlene Walnüsse
- 1 Eigelb
- 1 EL Milch

Das Eigelb mit dem Zucker gut 10 Minuten mit dem Handrührgerät schaumig schlagen. Dann das Eiweiß mit dem Salz sehr steif schlagen und unter die Zucker-Ei-Masse heben.

• Das Zitronat und das Orangeat sehr fein hacken. Zimt, Nelkenpulver, Zitronat und Orangeat zur Eimasse geben. Die Pottasche im Kirschgeist auflösen.

• Das Mehl nach und nach über die Eimasse sieben und untermengen. Zuletzt die aufgelöste Pottasche mit dem Kirschgeist unterrühren.

• Den Teig 1 Stunde ruhen lassen.

• Inzwischen die Kirschen und die Walnußkerne halbieren. Den Zucker mit den gemahlenen Nüssen auf einem Teller vermischen.

• Den Teig auf der bemehlten Arbeitsfläche 1,5 cm dick ausrollen und mit einem Blütenförmchen von 6 cm Durchmesser Lebkuchen ausstechen.

• Das Eigelb mit der Milch verrühren und die Blüten damit bestreichen, jeweils ein Stück Kirsche und einen Nußkern darauf setzen. Die restlichen Lebkuchen in die gezuckerten Nußbrösel drücken.

• Ein Backblech mit Backtrennpapier auslegen und die Lebkuchen im vorgeheizten Backofen bei 175 °C auf der mittleren Schiene 10–12 Minuten hell backen.

• Die fertigen Lebkuchen vom Blech nehmen und auf einem Kuchengitter auskühlen lassen.

Braune Kugellebkuchen

einfach, braucht Zeit
45 Stück

- 4 Eier
- 180 g Puderzucker
- je 1 Messerspitze gemahlene Muskatblüte und Nelkenpulver
- 1 EL Zimtpulver
- 1 Prise Salz
- abgeriebene Schale von 1 unbehandelten Zitrone
- 175 g gemahlene Mandeln
- 175 g Haselnüsse
- 175 g Zitronat
- 85 g Orangeat
- 45 runde Backoblaten von 7 cm Durchmesser

Glasur
- 200 g Puderzucker
- 35 g Kakaopulver
- 30 g Kokosfett

Die Eier in einer Schüssel mit dem Puderzucker schaumig rühren. Gewürze, Zitronenschale, Mandeln und Haselnüsse unterziehen.

• Zitronat und Orangeat ganz fein hacken. Zu der Masse geben und noch einmal kurz durchrühren.

• Den Backofen auf 180 °C vorheizen.

• Die Backoblaten auf Blechen verteilen und die Masse mit Hilfe von einem Eßlöffel und einem Teelöffel gut 1 cm hoch auftragen. Dabei einen schmalen Rand frei lassen.

• Die Bleche nacheinander in den heißen Ofen auf die mittlere Schiene schieben und etwa 25 Minuten backen. Herausnehmen und die Lebkuchenkugeln auf einem Kuchengitter auskühlen lassen.

• Für den Guß den Puderzucker sieben und mit dem Kakao in einer Schüssel mischen. Das Kokosfett in einer Kasserolle schmelzen lassen und in den Puderzucker rühren.

• Dann 5 Eßlöffel Wasser erhitzen und einrühren. Den Guß auf die Kugellebkuchen streichen und fest werden lassen.

• Am besten in einer gut schließenden Blechdose aufbewahren.

Pflastersteine

Die Anzahl hängt von der Größe der „Pflastersteine" ab.

einfach, braucht Zeit

Teigmenge für ein Blech
- 250 g Honig
- 125 g Zucker
- 3 g Nelkenpulver
- 5 g Zimtpulver
- abgeriebene Schale von ½ unbehandelten Zitrone
- 375 g Mehl
- 125 g geschälte, gemahlene Mandeln
- 50 g Zitronat
- 1 Ei
- 1 Eigelb
- 8 g Pottasche

Guß
- 250 g Puderzucker
- 1 Eiweiß
- 1 EL Kakaopulver

Den Honig mit dem Zucker unter Rühren aufkochen und etwas abkühlen lassen.

• Das Nelkenpulver, den Zimt und die Zitronenschale zugeben und verrühren. Das Mehl mit den Mandeln mischen und bis auf 100 g darüber sieben und unterrühren. Das Zitronat fein hacken und mit dem Ei und dem Eigelb in die fast kalte Masse geben und unterziehen.

• Die Pottasche in kaltem Wasser auflösen, zu der Masse geben und verrühren.

• Jetzt die restliche Mehlmischung so lange einarbeiten, bis ein glatter Teig entstanden ist, der nicht mehr klebt.

• Den Teig 1 cm dick auf ein mit Backtrennpapier ausgelegtes Backblech streichen oder, falls dieses zu groß ist, in eine gefettete Form füllen.

• Im vorgeheizten Backofen bei 180 °C ca. 25 Minuten hellbraun backen. Auf die Arbeitsfläche stürzen und aus dem noch warmen Kuchen verschieden große, runde „Pflastersteine" ausstechen.

• Den Puderzucker mit dem Eiweiß und etwas Wasser verrühren und die „Steine“ mit dem Guß überziehen. In den restlichen Guß das Kakaopulver rühren und damit den weißen Guß auf den Pflastersteinen marmorieren. Das muß zügig geschehen!

Dominosteine

braucht Zeit
60 Stück

- ★ 120 g Honig
- ★ 30 g Butter
- ★ 120 g feinster Zucker
- ★ 200 g Mehl
- ★ 1 Prise gemahlene Muskatnuß
- ★ 1 Prise gemahlener Nelkenpfeffer
- ★ 1 Prise gestoßener Kardamom
- ★ 1 Prise Zimtpulver
- ★ 50 g gemahlene Mandeln
- ★ 5 g Hirschhornsalz
- ★ 5 g Pottasche
- ★ 150 g Himbeerkonfitüre
- ★ 150 g Marzipan-Rohmasse
- ★ 100 g Puderzucker
- ★ 250 g dunkle Schokoladenglasur

Den Honig in einem kleinen Topf unter ständigem Rühren erhitzen und etwa 10 Minuten abkühlen lassen.

• Butter, Zucker und Ei schaumig schlagen und den Honig unterrühren.

• Das Mehl mit den Gewürzen und den Mandeln mischen und portionsweise zugeben.

• Hirschhornsalz und Pottasche in wenig Wasser auflösen und unter den Teig rühren.

• Etwa 30 Minuten ruhen lassen und dann den Teig gleichmäßig auf ein mit Backtrennpapier ausgelegtes Backblech streichen. In den vorgeheizten Backofen schieben und bei 180 °C ca. 18 Minuten backen. Abkühlen lassen.

• Die Kuchenplatte auf die Arbeitsfläche stürzen und das Backtrennpapier vorsichtig abziehen. Die abgekühlte Kuchenplatte längs halbieren. Einen Teil mit der Hälfte der Himbeerkonfitüre bestreichen. Das Marzipan mit dem Puderzucker verkneten und zu einer Platte in der Größe des halben Kuchens ausrollen. Auf die Himbeerschicht legen. Die restliche Himbeerkonfitüre aufstreichen. Die zweite Kuchenplatte als Abschluß darauf legen.

• Etwas anziehen lassen und dann in Rechtecke schneiden. Die Glasur nach Vorschrift erhitzen und die Dominosteine damit überziehen.

Basler Leckerli

einfach, braucht Zeit
100 Stück

- ★ 375 g Honig
- ★ 200 g brauner Zucker
- ★ 200 g Mandelstifte
- ★ 1/2 TL gestoßener Kardamom
- ★ 1/2 TL Nelkenpulver
- ★ 1/2 TL Zimtpulver
- ★ 1 Prise gemahlene Muskatnuß
- ★ 50 g Zitronat
- ★ 50 g Orangeat
- ★ 1 TL Pottasche
- ★ 2 cl Kirschwasser
- ★ 500 g Mehl
- ★ 100 g Puderzucker

Den Honig und den Zucker miteinander verkochen. Kurz abkühlen lassen und dann die Mandelstifte, die Gewürze, das Zitronat und das Orangeat unterrühren.

• Die Pottasche in dem Kirschwasser auflösen und zufügen. Zuletzt das Mehl einarbeiten.

• Es ergibt sich eine recht zähe Masse, die sofort auf einem mit Backtrennpapier ausgelegten Blech ausgebreitet werden muß.

• Im vorgeheizten Ofen bei 180 °C ca. 30 Minuten backen. 5 Minuten vor Ende der Backzeit kontrollieren: Der Teig soll goldbraun aber nicht dunkel sein.

• Den Puderzucker mit etwas Wasser verrühren und auf das noch heiße Gebäck streichen.

Sofort mit einem scharfen Messer in kleine Stücke teilen oder – wie es Basler Hausfrauen machen – mit der Küchenschere zerschneiden.

Pfeffernüsse

Teig über Nacht ruhen lassen

einfach, braucht Zeit
80 Stück

- 100 g Butter
- 100 g Honig
- 50 g Zucker
- 200 g Mehl
  und Mehl zum Verarbeiten
- 1/2 Päckchen Backpulver
- 50 g gemahlene Mandeln
- 1/2 TL Zimt
- 1 Messerspitze gestoßener Kardamom
- 1 Messerspitze Nelkenpulver
- 1 Messerspitze weißer Pfeffer
- Schale von 1/2 unbehandelten Zitrone
- 30 g Hagelzucker
- Fett für das Blech

Die Butter in einem Topf zerlassen. Den Honig und den Zucker unterrühren und einmal aufkochen. Vom Herd nehmen und abkühlen lassen.

• Das Mehl und das Backpulver auf die Arbeitsfläche sieben. Mandeln, Zimt, Kardamom, Nelkenpulver, Pfeffer und Zitronenschale untermischen. In die Mitte eine Mulde drücken und die Honigmasse hineingeben. Alles zu einem geschmeidigen Teig kneten. Über Nacht zugedeckt und kühl ruhen lassen.

• Am nächsten Tag aus dem Teig daumendicke Rollen formen, in 2 cm dicke Scheiben schneiden und zu Kugeln drehen. Die Kugeln in Hagelzukker wälzen und den Zucker etwas andrücken.

• Ein Backblech einfetten. Kugeln auf das Blech setzen und im vorgeheizten Backofen bei 175 °C auf der mittleren Schiene 20 Minuten backen.

• Aus dem Ofen nehmen und auf einem Kuchengitter auskühlen lassen. Zum Aufbewahren mit Pergamentpapier in Blechdosen schichten.

Schmätzle

Teig 2 Stunden ruhen lassen

einfach, braucht Zeit
75 Stück

Teig
- ★ 300 g Weizenvollkornmehl und Mehl zum Verarbeiten
- ★ 1 TL Backpulver
- ★ 150 g Zucker
- ★ 1 Prise Salz
- ★ 3 EL Kakaopulver
- ★ 1 TL Lebkuchengewürz
- ★ 1/2 TL Zimtpulver
- ★ 150 g gemahlene Haselnüsse
- ★ 2 Eier
- ★ 175 g kalte Butter

Garnierung
- ★ 1 Eigelb
- ★ 1 EL Milch
- ★ 2 EL Hagelzucker

Das Mehl und das Backpulver auf die Arbeitsfläche sieben. Zucker, Salz, Kakao, Lebkuchengewürz, Zimt und die Haselnüsse untermischen. In die Mitte eine Mulde drücken und die Eier und die kalte Butter in Flöckchen hineingeben. Alle Zutaten schnell zu einem glatten Teig verarbeiten. Den Teig zu 2 Rollen von 4 cm Durchmesser formen. In Folie wickeln und 2 Stunden im Kühlschrank ruhen lassen.

• Backbleche mit Backtrennpapier auslegen. Mit einem scharfen Messer von den Teigrollen 6 mm dünne Scheiben abschneiden und auf die Bleche legen.

• Das Eigelb mit der Milch verquirlen. Einen Teil der Schmätzle damit bestreichen und mit Hagelzucker bestreuen, der Rest bleibt ohne Garnierung. Im vorgeheizten Backofen bei 200 °C auf der mittleren Schiene ca. 10 Minuten backen.

• Die fertigen Schmätzle aus dem Ofen nehmen und auf einem Kuchengitter auskühlen lassen.

• Zur Aufbewahrung in Blechdosen schichten, dazwischen Pergamentpapier legen.

Honigplätzchen

Teig 1 Tag ruhen lassen

einfach, braucht Zeit
140 Stück

- ★ 200 g Honig
- ★ 150 g brauner Zucker
- ★ 50 g Butter
- ★ 1 TL Zimtpulver
- ★ 1/2 TL Nelkenpulver
- ★ 1 Messerspitze Natron
- ★ 400 g Weizenvollkornmehl und Mehl zum Verarbeiten
- ★ 4 Eier
- ★ Mehl für die Arbeitsfläche
- ★ einige kandierte Früchte, Mandeln, Sultaninen und etwas Hagelzucker zum Verzieren

Den Honig in einem Topf erwärmen. Unter Rühren den Zucker und die Butter dazugeben und so lange weiterrühren, bis die Butter geschmolzen ist. Zimt, Nelkenpulver und Natron zufügen, vom Herd nehmen und etwas abkühlen lassen.

• Das Mehl auf eine Arbeitsfläche sieben und in die Mitte eine Mulde drücken. Die Honigmasse und die Eier hineingeben und alle Zutaten zu einem glatten Teig verkneten. Den Teig in eine Schüssel legen und zugedeckt bei Zimmertemperatur

24 Stunden ruhen lassen.

• Dann den Teig auf der bemehlten Arbeitsfläche 4 mm dick ausrollen und mit Ausstechförmchen Plätzchen ausstechen. Dabei die Förmchen immer wieder in Mehl tauchen, damit der Teig nicht anklebt.

• Backbleche mit Backtrennpapier auslegen und die Plätzchen darauf legen. Die Zutaten zum Verzieren abwechselnd auf die Plätzchen drücken. Im vorgeheizten Backofen bei 175 °C auf der mittleren Schiene 12–15 Minuten goldbraun backen.

• Aus dem Ofen nehmen und die Plätzchen auf einem Kuchengitter auskühlen lassen. Mit Pergamentpapier in Blechdosen kühl aufbewahren.

Hagelzuckerprinten

einfach, braucht Zeit
50 Stück

- 200 g Rübenkrautsirup
- 130 g Butter
- 250 g Zucker
- 500 g Mehl
  und Mehl zum Verarbeiten
- 2 1/2 TL Zimtpulver
- 1 TL Nelkenpulver
- 1 TL gestoßener Kardamom
- 1 TL gemahlene Muskatnuß
- 2 EL Arrak
- 2 TL Backpulver
- 200 g gehackte Haselnußkerne
- 65 g Orangeat
- 65 g Zitronat
- 1 Ei
- 2 EL Milch

- Fett für das Blech
- 60 g Hagelzucker

Den Rübenkrautsirup, die Butter und den Zucker erwärmen, bis sich alles aufgelöst hat. In eine Schüssel geben und erkalten lassen.

• Die Hälfte des Mehls, mit Zimt, Nelkenpulver, Kardamom, Muskat, Arrak und Backpulver zu der Sirupmasse geben und gut verrühren.

• Dann das restliche Mehl, Haselnüsse, Orangeat, Zitronat, Ei und Milch hinzufügen. Den Teig gut durchkneten, bis er glatt ist, und 1 Stunde in den Kühlschrank stellen.

• Den Teig 1 cm dick ausrollen und in 3 cm breite und 8 cm lange Rechtecke schneiden.

• Die Printen auf ein gefettetes Backblech setzen und im vorgeheizten Ofen bei 200 °C ca. 10 Minuten backen.

• Aus dem Backofen nehmen, den Hagelzucker über die Printen streuen und andrücken.

Nußprinten

einfach
35 Stück

- 125 g Honig oder Sirup
- 60 g brauner Zucker
- 50 g Butter
- 1 Ei
- abgeriebene Schale von 1 unbehandelten Zitrone
- je 1/2 TL Zimt, Kardamom und Nelken, gemahlen
- 50 g Semmelbrösel
- 250 g Mehl
  und Mehl zum Verarbeiten
- 1/2 Päckchen Backpulver

Zum Garnieren

- 100 g geschälte Haselnußkerne, halbiert
- 50 g dunkle Kuchenglasur

Den Honig mit Zucker und Butter erwärmen, auflösen und wieder abkühlen lassen.

• Unter die fast erkaltete Masse das Ei, die Gewürze, die Semmelbrösel und die Hälfte des Mehls rühren.

• Das restliche Mehl mit dem Backpulver vermischen und unterkneten.

• Den Teig gut 1 Stunde ruhen lassen, dann etwa 1/2 cm dick ausrollen und in fingerlange, 3 cm breite Streifen schneiden.

• Die Streifen auf ein gefettetes Backblech legen und dicht mit den halbierten Haselnußkernen belegen.

• Im vorgeheizten Backofen bei 175 °C ca. 15 Minuten backen. Erkalten lassen.

• Die Glasur erwärmen und von einem Löffel über die Printen laufen lassen.

Figuren aus Salzteig

Nicht zum Schmecken, sondern zum Schmücken ist der ebenso schöne wie ungenießbare Salzteig. Er muß über Nacht ruhen und ist dann sehr gut formbar. Dekoratives als Christbaumanhänger oder Krippenfiguren – aus Salzteig läßt sich fast alles formen, bemalen und lackieren.

einfach, braucht Zeit

Salzteig

- 500 g Mehl
- 500 g Salz

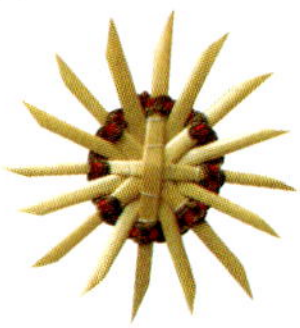

Mehl und Salz in einer Schüssel mischen und mit 1/4 Liter Wasser anrühren. Den Teig kneten und eventuell noch 2–3 Eßlöffel Wasser zugeben. Den glatten Teig zur Kugel formen und wieder in die Schüssel legen, mit einem feuchten Tuch abdecken und über Nacht kühl stellen.

- Den Teig vor dem Verarbeiten auf der bemehlten Arbeitsfläche leicht mit Mehl bestäuben und noch einmal durchkneten.
- Den Teig auf der sauberen Arbeitsfläche beliebig dick ausrollen, ausstechen oder Würste formen, die zu Figuren gelegt werden. In die fertigen Motive mit einer kleinen Lochtülle Löcher stechen, damit man sie aufhängen kann.
- Alle Salzteigfiguren mit Backtrennpapier auf Bleche legen und im Backofen bei 50 °C und leicht geöffneter Backofentür mindestens 12 Stunden trocknen lassen (die Tür vom Gasbackofen ganz geöffnet lassen). Um Energie zu sparen, die Figuren 5 Stunden im Ofen antrocknen und dann auf Kuchengittern mehrere Tage bei Zimmertemperatur durchtrocknen lassen.
- Alles aus getrocknetem Salzteig kann bemalt und an-

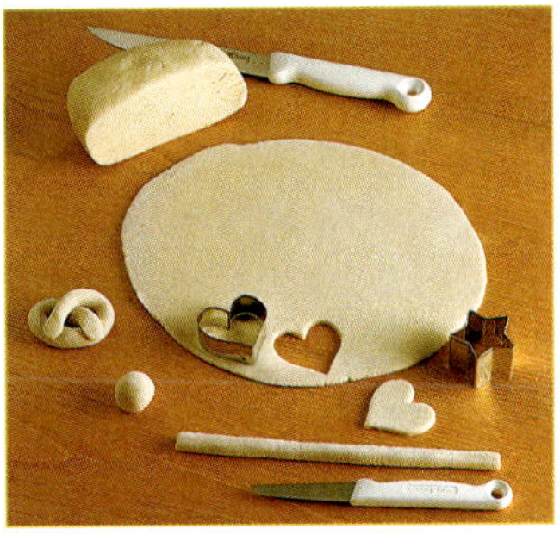

Tip

Wenn Kinder Salzteig kneten wollen, können sie die Zutaten ohne Waage abmessen:

- ★ 1 Tasse Mehl
- ★ 1 Tasse Salz
- ★ ½ Tasse Wasser

schließend mit Klarlack überzogen werden.

• Krippenfiguren, die man zum Aufstellen auf kleine Holzstückchen klebt, brauchen nur von vorne komplett angezogen und verziert sein. Christbaumanhänger sollte man beidseitig ausgestalten.

Spekulatius

Für Spekulatius gibt es traditionelle Holzmodel. Sind diese nicht vorhanden, können aus dem dünn ausgerollten Teig auch beliebige Formen ausgestochen werden, die anschließend im Backofen hellbraun gebacken werden.

Würzburger Marzipan

2 Tage vor dem Backen zubereiten

einfach, braucht Zeit
75 STÜCK

- ★ 4 Eier
- ★ 500 g Zucker
- ★ 1 Prise Salz
- ★ 1 Messerspitze Hirschornsalz
- ★ 500 g Mehl und Mehl für die Arbeitsfläche
- ★ 1 TL gemahlener Anis

Die Eier mit Zucker, Salz und Hirschhornsalz in der Rührschüssel der Küchenmaschine ca. 10 Minuten schlagen, bis eine dickflüssige, weiße Masse entstanden ist.

• Das Mehl darüber sieben. Mehl und gemahlenen Anis gründlich unter die Ei-Zucker-Masse kneten. Den Teig zugedeckt 1 Tag ruhen lassen.

• Danach den Teig auf der bemehlten Arbeitsfläche ca. 1/2 cm dick ausrollen. Mit Förmchen verschiedene Motive ausstechen. Dabei die Förmchen immer wieder in Mehl tauchen, damit der Teig nicht daran kleben bleibt.

• Die Plätzchen auf ein Backblech legen. Mit einem sauberen Küchentuch abdecken und über Nacht an einem warmen Ort ruhen lassen.

• Am nächsten Tag im vorgeheizten Backofen bei 160 °C auf der mittleren Schiene ca. 20 Minuten backen. Die Plätzchen sollen trocken und weiß wic Marzipan werden.

• Das fertige Würzburger Marzipan vom Blech heben und auf einem Kuchengitter erkalten lassen.

• Zum Aufbewahren in Blechdosen geben.

Den Teig 1 Tag ruhen lassen

braucht Zeit

Die Stückzahl hängt von der Größe der verwendeten Model ab.

- ★ 180 g weiche Butter
- ★ 200 g Zucker
- ★ 2 Päckchen Vanillinzucker
- ★ 2 Eier
- ★ 1 Päckchen Spekulatiusgewürz
- ★ 1 Prise Salz
- ★ 3 Tropfen Bittermandelaroma
- ★ abgeriebene Schale von 1 unbehandelten Zitrone
- ★ 2 EL Rum
- ★ 500 g Mehl und Mehl zum Verarbeiten
- ★ 50 g Speisestärke
- ★ Mandelblättchen

Die Butter mit Zucker und Vanillinzucker schaumig rühren.

• Eier, Gewürze, Zitronenschale und Rum nacheinander unterrühren.

• Das Mehl und die Speisestärke mischen und die Hälfte unterrühren, den Rest mit der Masse verkneten. Den Teig zugedeckt und gekühlt 24 Stunden ruhen lassen.

• Am nächsten Tag die Holzmodel mehlen, entsprechend große Teigstücke hineindrücken und die Teigränder abschneiden. Einige Mandelblättchen in die Oberfläche drücken.

• Die Model wenden und die Teigstücke auf ein mit Backtrennpapier ausgelegtes Backblech klopfen.

• Im vorgeheizten Backofen bei 200 °C etwa 10 Minuten backen.

Springerle

braucht Zeit

Die Stückzahl hängt von der Größe der verwendeten Model ab.

- ★ 2 Eier
- ★ 200 g Puderzucker
- ★ 1 Päckchen Vanillinzucker
- ★ 225 g Mehl
  und Mehl zum Verarbeiten
- ★ 1 Messerspitze Backpulver
- ★ Butter für das Blech
- ★ 2 EL Anissamen

Die Eier schaumig rühren und nach und nach den Puderzucker und den Vanillinzucker zugeben.

• Alles so lange schlagen, bis eine dicke, cremige Masse entsteht. Das Mehl mit Backpulver vermischen und zum Teil unterrühren, den Rest einkneten. Wenn der Teig noch klebt, etwas Mehl zugeben.

• Den Teig 1 cm dick ausrollen, die Springerle-Model mit Mehl bestäuben und kleine Teigstücke fest in die Model drücken. Model wenden, abheben und den überstehenden Teig abschneiden.

• Ein Backblech gut einfetten, mit Anis bestreuen und die Springerle darauf legen.

• 24 Stunden in einem warmen Raum trocknen lassen und

dann im vorgeheizten Backofen bei 160 °C 20–25 Minuten backen. Die Springerle dürfen nicht braun werden!

Tip

Diese Spezialität wird mit Holzmodel in verschiedenen Größen und Mustern geformt. Die Springerle werden mehrere Wochen vor Weihnachten gebakken und mit einer Brotscheibe in einer Blechdose gelagert, damit sie weich werden.
Man kann besonders hübsche Springerle auch völlig austrocknen lassen und bunt bemalt an den Weihnachtsbaum hängen.

23
19
21
24

3. ADVENT

Klassische Weihnachtsplätzchen und alles für den bunten Teller

Vanillekipferl

einfach, braucht Zeit
60 Stück

- 280 g Mehl
  und Mehl zum Verarbeiten
- 210 g kalte Butter
- 100 g geschälte, gemahlene Mandeln
- 70 g feiner Kristallzucker
- 10 EL Puderzucker
- 3 Päckchen Vanillinzucker

Das Mehl auf das Backbrett sieben, die Butter einhacken und mit den Fingern abbröseln.

• Die gemahlenen Mandeln und den Zucker untermischen und alles rasch zu einem Teig kneten. Den Teig 30 Minuten im Kühlschrank ruhen lassen.

• Aus dem Teig eine Rolle formen und Scheiben davon abschneiden. Zuerst zu Kugeln, dann zu Würstchen rollen. Die Würstchen zu Kipferln (Hörnchen) biegen.

• Kipferl auf ein Backblech legen und im vorgeheizten Backofen bei 175 °C etwa 15 Minuten backen. Inzwischen Puderzucker und Vanillinzucker mischen und auf eine große Servierplatte sieben. Die noch warmen Kipferl in das Zuckerbett einlegen, ganz bedecken und darin auskühlen lassen.

Zimtsterne

einfach, braucht Zeit
40 Stück

- ★ 300 g ungeschälte Mandeln
- ★ 4 Eiweiß
- ★ 1 Prise Salz
- ★ 80 g Zucker
- ★ 160 g Puderzucker
- ★ abgeriebene Schale von 1/2 unbehandelten Zitrone
- ★ 3 TL Zimtpulver
- ★ 1 Messerspitze Nelkenpulver
- ★ Zucker und Mehl zum Ausrollen

Die Mandeln mit der Haut durch die Mandelmühle drehen. Das Eiweiß mit Salz und Zucker sehr steif schlagen. Den Puderzucker dazu sieben und mit der Zitronenschale unterheben.

• Etwa 6 Eßlöffel davon für den Guß in den Kühlschrank stellen. Unter den restlichen Eischnee die Mandeln und die Gewürze mischen.

• Den Teig auf die mit Zucker und ganz wenig Mehl bestreute Arbeitsfläche legen und leicht durchkneten. Die Arbeitsfläche mit einem Teigschaber säubern und wieder mit Zucker und Mehl bestreuen.

• Den Teig 1 cm dick ausrollen und Sterne ausstechen. Die Ausstechform zwischendurch immer wieder in Mehl tauchen.

• 2 Bleche mit Backtrennpapier auslegen. Die Zimtsterne auf die Bleche legen und 30 Minuten antrocknen lassen.

• Den restlichen Guß aufschlagen und, falls sich das Eiweiß abgesetzt hat, noch 1 Eßlöffel Puderzucker zugeben. Die Zimtsterne mit dem Guß dick bestreichen und 15 Minuten antrocknen lassen.

• Im vorgeheizten Backofen bei 120 °C (Ober- und Unterhitze) 30 Minuten backen. Auf einem Kuchengitter auskühlen lassen.

• Zwischen Pergamentpapier in Blechdosen lagern. Um weich und aromatisch zu sein, sollten die Zimtsterne mindestens 1 Woche ruhen.

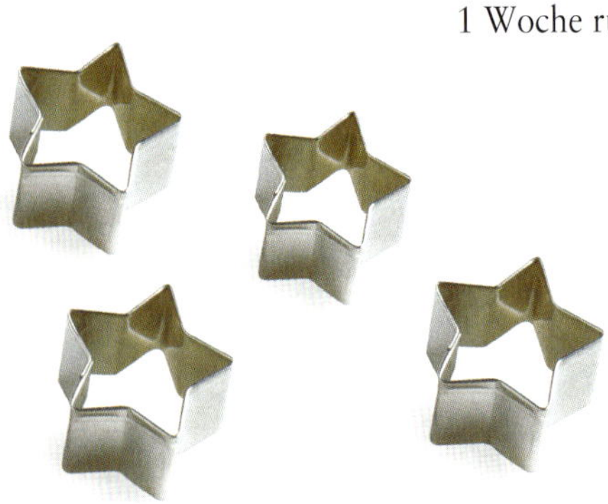

Haselnußmakronen

einfach, braucht Zeit
50 Stück

- 250 g feiner Zucker
- 2 Eier, Gewichtsklasse M
- 250 g gemahlene Haselnußkerne
- geriebene Schale von 1/2 unbehandelten Zitrone
- 50 Haselnüsse zum Garnieren

Den Zucker und die Eier mit den Schneebesen der Küchenmaschine 15 Minuten lang rühren.

• Die Haselnußkerne und die Zitronenschale von Hand mit einem Schneebesen einrühren. Die Masse zugedeckt 30 Minuten quellen lassen. Sollte sie danach zum Formen noch zu weich sein (was von den Eiern abhängt), mehr gemahlene Haselnußkerne eßlöffelweise untermischen.

• Den Backofen auf 175 °C vorheizen. Zwei Backbleche mit Backtrennpapier auslegen. Einen Teelöffel in warmes Wasser tauchen, kleine Häufchen von der Masse abstechen und auf das Papier setzen. Jeweils in die Mitte der Makronen eine Haselnuß drücken. Die Makronen auf den Blechen nacheinander auf der mittleren Schiene im vorgeheizten Backofen 10–15 Minuten hell backen.

• Die fertigen Haselnußmakronen samt dem Papier vom heißen Blech ziehen und auskühlen lassen. Dann in Blechdosen aufbewahren.

Variation:

Makronenkugeln

60 Stück

- Masse wie für Haselnußmakronen

zusätzlich

- 4 EL Puderzucker
- 100 g dunkle Kuvertüre

Die Masse nach dem Rezept für Haselnußmakronen zubereiten.

• Den Backofen auf 175 °C vorheizen und zwei Backbleche mit Backtrennpapier auslegen.

• Von der Masse mit einem nassen Teelöffel etwas kleinere Häufchen abstechen als für die Haselnußmakronen und zwischen den Händen zu Kugeln drehen. Ein Bett aus Puderzucker vorbereiten, jede Kugel darin wälzen und auf das Backblech setzen.

• Die Makronenkugeln auf den Blechen nacheinander im vorgeheizten Backofen auf der mittleren Schiene gut 10 Minuten hell backen. Dabei bilden sich feine Risse in der Oberfläche.

• Die gebackenen Makronenkugeln samt dem Papier vom heißen Blech ziehen und ganz auskühlen lassen.

• Die Kuvertüre im heißen Wasserbad flüssig rühren. Eine zweizinkige Gabel in die Kuvertüre tauchen und die Makronenkugeln mit Schokoladenfäden überziehen.

• Nach dem Festwerden der Kuvertüre die Makronenkugeln in Blechdosen aufbewahren.

Linzer Plätzchen

einfach, zum Einfrieren
90 Stück

Teig

- ★ 250 g ungeschälte, gemahlene Mandeln
- ★ 500 g Mehl und Mehl zum Verarbeiten
- ★ 250 g Puderzucker
- ★ 400 g kalte Butter
- ★ 8 Eigelb
- ★ Salz
- ★ 1/4 TL Nelkenpulver
- ★ 1/2 TL Zimtpulver
- ★ 1/2 TL gemahlene Vanille

Füllung und Glasur

- ★ 250 g frische Kronsbeeren
- ★ 400 g Preiselbeeren aus dem Glas
- ★ 250 g Puderzucker

Mandeln, Mehl und Puderzucker auf die Arbeitsfläche häufen und eine Mulde hineindrücken. Die Butter in kleine Stücke schneiden und mit Eigelb und Gewürzen in die Mulde geben. Mit etwas Mehlmischung vermengen und die Zutaten mit einem langen Messer zu Krümeln hacken. Dann rasch verkneten, den Teig in Klarsichtfolie wickeln und 30 Minuten in den Kühlschrank legen.

• Den Teig in zwei Hälften teilen und beide in Backblechgröße ausrollen: ca. 30 x 40 cm und 3 mm stark.

• Backtrennpapier unter eine der Teigplatten ziehen und sie aufs Backblech heben. Die Teigplatte auf dem Blech möglichst gut kühlen.

• Die Kronsbeeren waschen und verlesen. Die Hälfte der Preiselbeeren in einem weiten Topf erhitzen und die Kronsbeeren darin 5 Minuten wenden, bis die meisten geplatzt sind. Abkühlen lassen.

• Den Teig auf dem Blech leicht mit Mehl bestäuben und mit den Beeren bestreichen.

• Die zweite Teigplatte darüber legen. Das geht mit einer Unterlage (große Aluplatte oder Backtrennpapier) oder den Teig für den Transport ein- bis zweimal teilen.

• Die Doppelplatte im vorgeheizten Backofen bei 180 °C auf der 2. Schiene von oben 20 Minuten backen. Etwas abkühlen lassen.

• Die restlichen Preiselbeeren mit dem Puderzucker verrühren, auftragen und die Glasur trocknen lassen.

• Den Kuchen in Rechtecke von 2,5 x 5,0 cm schneiden und die Plätzchen in Dosen aufbewahren.

Feine Bärentatzen

einfach, braucht Zeit
70 STÜCK

- 250 g weiche Butter
- 125 g Puderzucker
- 1/2 Päckchen Vanillinzucker
- 1 Ei
- 125 g geschälte, gemahlene Mandeln
- 1/2 TL Ingwerpulver
- 1/2 TL gemahlener Nelkenpfeffer
- 1/2 TL getrocknete, geriebene Orangenschale
- 300 g Mehl und Mehl für das Blech
- Fett für das Blech
- 150 g Kuvertüre

Die weiche Butter mit Puderzucker und Vanillinzucker glatt rühren. Das Ei, Mandeln, Gewürze und zuletzt das Mehl löffelweise untermischen. Es entsteht eine feste Masse. In Folie einwickeln und 30 Minuten kühl stellen.

- Ein Backblech fetten und leicht mit Mehl bestäuben.
- Die Masse in einen Spritzbeutel mit großer Sterntülle füllen und auf das Blech etwa 3 cm lange Streifen spritzen. Durch verstärkten Druck am Anfang läuft der Teig breiter und ergibt die Tatzenform.
- Die Bärentatzen samt Blech für 30 Minuten in den Kühlschrank stellen. Dann im vorgeheizten Backofen bei 180 °C auf der mittleren Schiene 10–12 Minuten backen.
- Das Gebäck vom Blech heben und auskühlen lassen.
- Die Kuvertüre nach Vorschrift erwärmen und die Bärentatzen jeweils zur Hälfte hineintauchen und auf einem Kuchengitter trocknen.

Tip

150 g Aprikosenkonfitüre weich rühren und jeweils 2 Tatzen mit Konfitüre zusammenkleben. Dann die Doppeltatze in Kuvertüre tauchen.

Spritzgebäck

einfach, Blitzrezept
30 Stück

- 150 g Butter
- 150 g Zucker
- 2 Päckchen Vanillinzucker
- 2 Eier, Gewichtsklasse M
- fein abgeriebene Schale von ½ unbehandelten Zitrone
- 250 g Mehl und Mehl für das Blech
- Fett für das Blech

Zum Verzieren
- 15 kandierte Kirschen
- 50 g Kuvertüre

Alle Zutaten mit Ausnahme des Mehls gut schaumig rühren, das Mehl hineinsieben und unterrühren, so daß ein nicht zu fester Teig entsteht.

• Ein Backblech fetten und leicht mit Mehl bestäuben.

• Den Teig in einen Spritzbeutel mit großer Sterntülle füllen und verschiedene Formen auf das Blech spritzen. Den Backofen auf 175 °C vorheizen und die Plätzchen auf der mittleren Schiene ca. 15 Minuten backen.

• Das fertige Spritzgebäck aus dem Ofen nehmen, etwas abkühlen lassen und mit den kandierten Kirschen verzieren oder in die erwärmte Kuvertüre tauchen.

Porzellanplätzchen

Den Butterteig am besten am Vortag herstellen und über Nacht im Kühlschrank ruhen lassen.

einfach, braucht Zeit
100 Stück

- 250 g Mehl und Mehl für die Arbeitsfläche
- 45 g Puderzucker
- 1/2 TL Backpulver
- 250 g kalte Butter
- 2 Eigelb, Gewichtsklasse M

Zuckerguß
- 2 Eiweiß, Gewichtsklasse M
- 140 g Puderzucker

Das Mehl samt Puderzucker und Backpulver auf die Arbeitsfläche sieben und in die Mitte eine Mulde drücken. Die Butter klein würfeln und auf den Mehlrand legen. Das Eigelb in die Mulde geben. Alle Zutaten mit einem großen Messer kreuz und quer hacken, so daß Krümel entstehen. Dann mit den Händen rasch einen glatten Teig kneten, zur Kugel formen und in Klarsichtfolie gewickelt mindestens 1 Stunde in den Kühlschrank legen (besser über Nacht).

• Den Teig halbieren und die Hälfte auf der bemehlten Arbeitsfläche dünn ausrollen, 2–3 mm dick. Mit einem runden Ausstecher, Durchmesser 2–3 cm, oder mit 2 verschieden großen Ausstechern kleine Plätzchen aus der Teigplatte stechen. 2 Backbleche mit Backtrennpapier auslegen und die Plätzchen darauf setzen.

• Das Eiweiß für den Zuckerguß zu sehr steifem Schnee schlagen und den Puderzucker von Hand mit dem Schneebesen unterziehen. Den Guß in eine Spritze mit feiner Lochtülle füllen und auf jedes Plätzchen einen Tupfen Zuckerguß setzen. Mit der zweiten Teighälfte ebenso verfahren.

• Den Backofen auf 150 °C bei Umluft vorheizen. Die Plätzchen auf der mittleren Schiene etwa 10 Minuten hell backen. Dann mit dem Papier vom Blech ziehen, gut auskühlen und etwas trocknen lassen, bevor man sie in Dosen verpackt.

Anisplätzchen

braucht Zeit
40 Stück

Von den Zutaten und eigentlich auch von der Zubereitung her gehören Anisplätzchen zum Simpelsten, was man sich vorstellen kann. Trotzdem gelingen sie selbst Meisterbäckern nicht immer, denn mitunter wollen sich die erwünschten „Füßchen“ nicht einstellen. Machen Sie sich nichts daraus: Die Plätzchen schmecken trotzdem!

- 2 große Eier
- 150 g Puderzucker
- 1 TL Anispulver
- 150 g Mehl
  und Mehl zum Verarbeiten
- Butter zum Einfetten

Die Eier und den Puderzucker im Rührgerät der Küchenmaschine zu einer hellen Creme schlagen. Anispulver und nach und nach das Mehl zugeben. Insgesamt mindestens 45 Minuten rühren!

• Die Masse ist dann fast weiß und sehr zähflüssig, von honigähnlicher Konsistenz. Das soll der Bildung besagter „Füßchen“ förderlich sein. Ohne Küchenmaschine genügt es, mit dem elektrischen Handgerät etwa 10 Minuten zu schlagen.

• Das Backblech mit Backtrennpapier auslegen und dieses buttern und mit Mehl bestäuben.

• Mit einem Teelöffel oder einer Spritztülle kleine Häufchen auf das Blech setzen. Sie sollen an der Oberfläche glatt fließen, aber nicht auf dem Blech verlaufen. Die Masse bei Raumtemperatur über Nacht antrocknen und eine Haut ziehen lassen.

• Die Anisplätzchen im vorgeheizten Backofen bei 150 °C 15 Minuten backen. Im Idealfall haben die Plätzchen auf einem gedrungenen „Fuß“ eine schaumig-weiße Haube.

Maroniherzen

Der Teig muß am Vortag zubereitet werden.

einfach, braucht Zeit
30 Stück

- ★ 500 g Kastanienpüree
- ★ 150 g Puderzucker
- ★ 1 Eigelb
- ★ 60 g Butter
- ★ 5 cl Rum
- ★ 50 g gemahlene Haselnüsse
- ★ 100 g dunkle Kuvertüre

Das Kastanienpüree mit Puderzucker, Eigelb, 50 g Butter, Rum und Haselnüssen gründlich verrühren.

• Ein großes Blatt Backtrennpapier mit der restlichen Butter einfetten und die Masse darauf 1/2 cm dick ausstreichen. Mit einer Plätzchenform, Durchmesser 5–6 cm, Herzen ausstechen.

• Die Herzen mit einer Palette auf Kuchengitter setzen und über Nacht trocknen lassen.

• Die Kuvertüre hacken und im warmen Wasserbad schmelzen lassen. Die getrockneten Herzen zur Hälfte in die Glasur tauchen und zum Trocknen wieder auf ein Kuchengitter legen.

Bunte Zuckerplätzchen

einfach, Blitzrezept
75 Stück

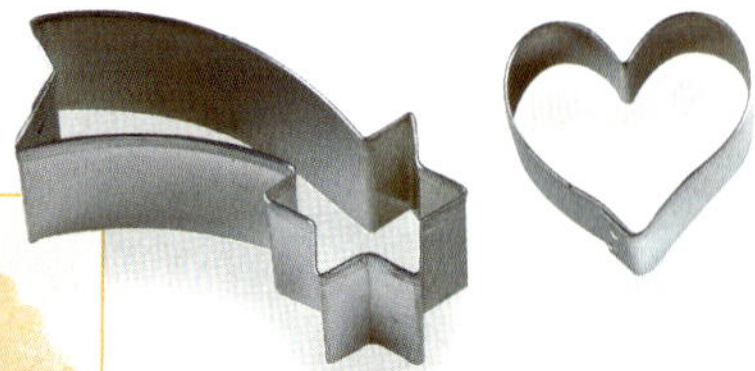

- 125 g weiche Butter
- 4 hartgekochte Eigelb
- 65 g Zucker
- 1 Prise Salz
- 250 g Mehl
  und Mehl zum Verarbeiten
- 1 Eiweiß
- verschiedene bunte Zuckerperlen zum Dekorieren

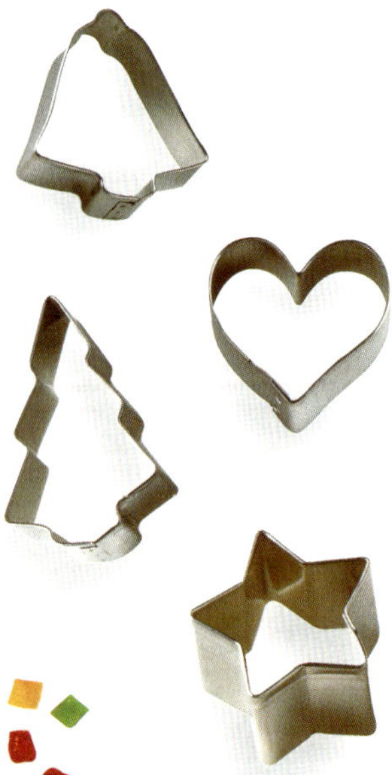

Die Butter schaumig rühren. Das Eigelb durch ein Haarsieb drücken und mit Butter, Zucker und dem Salz verrühren.

• Das Mehl darüber sieben und alles zu einem glatten Teig kneten. In Klarsichtfolie wickeln und 15 Minuten ins Tiefkühlfach legen.

• Den Teig auf der bemehlten Arbeitsfläche 1/2 cm dick ausrollen. Mit Ausstechern verschiedene Formen ausstechen.

• 2 Backbleche mit Backtrennpapier auslegen und die Plätzchen darauf setzen.

• Den Backofen auf 180 °C vorheizen. Die Plätzchen auf der mittleren Schiene im heißen Ofen ca. 10 Minuten backen.

• Nach Backende die Plätzchen mit dem leicht geschlagenen Eiweiß bestreichen und mit den bunten Zuckerperlen garnieren. Zum Trocknen nochmals kurz in den warmen Backofen stellen.

Tip

Der Teig wird mit gemahlenen Nüssen oder Mandeln besonders reich im Geschmack. Die gemahlenen Kerne in einer trockenen Pfanne kurz anrösten, das steigert das Aroma. Zu der hier angegebenen Teigmenge 3 gehäufte Eßlöffel gemahlene Nüsse oder Mandeln zugeben.

Finger-golatschen

einfach
50 STÜCK

- ★ 360 g weiche Butter
- ★ 180 g Zucker
- ★ 4 Eigelb
- ★ 1 unbehandelte Zitrone
- ★ 2 Stück Würfelzucker
- ★ 400 g Mehl
  und Mehl zum Verarbeiten
- ★ 2 Eigelb zum Bestreichen
- ★ 1/2 Glas Himbeerkonfitüre
- ★ 50 g gehackte Mandeln

Die Butter in einer großen Schüssel gründlich schaumig rühren. Den Zucker nach und nach zugeben und die Masse so lange rühren, bis sich der Zukker auflöst.

• Das Eigelb nacheinander einrühren. Die Zitronenschale mit dem Würfelzucker abreiben und in die Schüssel legen.

• Das Mehl einsieben und den Teig geschmeidig glatt rühren.

• Ein Backblech mit Backtrennpapier auslegen. Aus dem Teig mit den Händen kleine Kugeln formen und auf das Blech setzen. Jede Teigkugel in der Mitte mit dem bemehlten Finger eindrücken und mit verquirltem Eigelb bestreichen. Die Himbeerkonfitüre in die Löcher füllen. Die Mandeln darüber streuen und die Plätzchen im vorgeheizten Backofen bei 180 °C etwa 12 Minuten backen.

• Nach dem Auskühlen zwischen Pergamentpapier in Blechdosen legen und einige Tage ruhen lassen.

Tip

Die Himbeerkonfitüre soll möglichst fest sein, damit sie aus den Plätzchen nicht herausläuft.

Adventsbrote

einfach, braucht Zeit
20 Stück

- 125 g Mehl und Mehl zum Verarbeiten
- 50 g ungeschälte, gemahlene Haselnußkerne
- 1 EL Sesamsaat
- 50 g Puderzucker
- 1 Eigelb
- 1 Prise Salz
- 100 g kalte Butter

Glasur

- 125 g dunkle Kuvertüre

Das Mehl mit gemahlenen Haselnüssen, Sesamsaat und Puderzucker mischen.

• Mit den restlichen Zutaten schnell zu einem glatten Teig verkneten. In Frischhaltefolie 1 Stunde kühlen.

• Den Teig auf der bemehlten Arbeitsfläche zu einer dicken Wurst rollen und in ca. 25 Scheiben teilen. Die Scheiben zu kleinen „Brotlaiben" formen und auf der Oberseite einige Male einritzen.

• Auf ein mit Backtrennpapier ausgelegtes Backblech setzen und im vorgeheizten Backofen bei 180 °C ca. 14 Minuten backen.

• Mit dem Papier vom Blech ziehen und auskühlen lassen.

• Die Kuvertüre nach Packungsanleitung schmelzen und die Adventsbrote damit überziehen.

Spitzbuben

Den Butterteig am besten schon am Vortag zubereiten und über Nacht im Kühlschrank ruhen lassen.

einfach, braucht Zeit
100 Stück

- 400 g Mehl und Mehl für die Arbeitsfläche
- 200 g Puderzucker
- 125 g geschälte, gemahlene Mandeln
- 250 g kalte Butter
- 1 ganzes Ei und 1 Eigelb, Gewichtsklasse M

- 1 Glas Himbeerkonfitüre
- 150 g Puderzucker
- 2 Päckchen Vanillinzucker

Mehl, Puderzucker und gemahlene Mandeln auf die Arbeitsfläche sieben und eine Mulde hineindrücken. Die Butter klein würfeln und auf den Mehlrand legen. Ei und Eigelb in die Mulde geben.

• Alle Zutaten mit einem großen Messer kreuz und quer zu Krümeln hacken. Dann mit den Händen rasch zu einem glatten Teig kneten, zur Kugel formen und in Klarsichtfolie gewickelt mindesten 1 Stunde in den Kühlschrank legen (besser über Nacht).

• Den Teig halbieren und eine Hälfte auf der bemehlten Arbeitsfläche dünn ausrollen, etwa 2 mm dick. 2 Backbleche mit Backtrennpapier auslegen. Aus der Teigplatte kleine, runde Plätzchen ausstechen (Durchmesser 3 cm) und auf die Bleche setzen. Mit der zweiten Teighälfte ebenso verfahren.

• Den Backofen auf 150 °C bei Umluft vorheizen. Die Plätzchen auf der mittleren Schiene etwa 10 Minuten hell backen.

• Die Himbeerkonfitüre in einer Schüssel glatt rühren. Puderzucker und Vanillinzucker in einer flachen Schale mischen.

• Die gebackenen Plätzchen samt dem Papier vom Blech ziehen und nur kurz abkühlen lassen. Auf die Hälfte der noch warmen Plätzchen einen Tupfen Himbeerkonfitüre geben und mit einem zweiten Plätzchen zusammenkleben. Die Spitzbuben im vorbereiteten Zuckerbett wälzen.

• Die Plätzchen mit Pergamentpapier in Blechdosen schichten. Richtig gut schmecken sie erst nach 1–2 Wochen.

Kokosmakronen

einfach
50 Stück

- 4 Eiweiß, Gewichtsklasse M
- 1 Prise Salz
- einige Tropfen Zitronensaft
- 200 g feinster Zucker
- 1 Messerspitze Zimtpulver
- 2 Tropfen Bittermandelaroma
- 250 g Kokosraspel

Das Eiweiß mit 1 Prise Salz und dem Zitronensaft schnittfest schlagen, dann Zucker und Zimt einrieseln lassen. Das Bittermandelaroma zugeben und alles zu einer dicken Creme weiterschlagen.

• Die Kokosraspel unterheben und mit einem Teelöffel kleine Häufchen auf das mit Backtrennpapier ausgelegte Blech setzen. Berücksichtigen Sie, daß die Makronen beim Backen etwas auseinanderlaufen.

• Im vorgeheizten Backofen bei 120 °C auf der 2. Schiene von oben 35 Minuten backen.

Während das erste Blech im Ofen ist, das nächste am besten im Kühlschrank aufbewahren, damit sich das Eiweiß nicht absetzt.

• Die fertigen Makronen mit dem Papier vom Blech ziehen und gut auskühlen lassen.

• Zwischen Pergamentpapier in Blechdosen aufbewahren. Am besten schmecken sie erst nach mehreren Tagen.

Variation:
Statt mit Zitronensaft, Zimt und Bittermandelaroma die Kokosmakronen mit Limettensaft und der fein abgeriebenen Schale einer Limette würzen.

Tip
Den Boden der Makronen in Zartbitterkuvertüre tauchen.

Pistazienkugeln

einfach
60 STÜCK

- 150 g Pistazienkerne
- 50 g geschälte Mandeln
- 240 g Mehl
  und Mehl zum Verarbeiten
- 1 Prise Salz
- 100 g Zucker
- abgeriebene Schale von 1 unbehandelten Orange
- 30 g Schokotropfen (Schokostreusel oder gehackte Schokolade)
- 120 g kalte Butter
- 4 cl Orangenlikör
- 1 Ei
- 1 Eigelb

Von den Pistazien 50 g fein hacken, den Rest zusammen mit den Mandeln fein mahlen.

• Die Nüsse mit Mehl, Salz, Zucker, Orangenschale und Schokotropfen mischen und die Butter in Flöckchen dazugeben.

• Den Orangenlikör mit Ei und Eigelb verrühren und zugeben. Den Teig gründlich verkneten, in Frischhaltefolie wikkeln und mindestens 1 Stunde kühlen.

• Dann zu einer dicken Wurst rollen, ca. 60 Scheiben abschneiden und zu Kugeln formen. Die Kugeln in den gehackten Pistazien wenden.

• Auf ein mit Backtrennpapier ausgelegtes Backblech setzen und im vorgeheizten Backofen bei 180 °C 15 Minuten backen.

• Nach dem Auskühlen in Dosen aufbewahren.

Kartenblätter

einfach
30 STÜCK

- 375 g Mehl und
  Mehl für die Arbeitsfläche
- 125 g Zucker
- 1 Päckchen Vanillinzucker
- 1 TL Zimtpulver
- 1 Prise Salz
- 1 großes Ei
- 250 g weiche Butter
- 1 Eigelb zum Bestreichen
- 200 g geschälte Mandeln

Das Mehl auf die Arbeitsfläche sieben und in die Mitte eine Mulde drücken. Zucker, Vanillinzucker, Zimt, Salz und das Ei hineingeben. Die Butter in kleinen Flöckchen auf den Mehlrand setzen. Alles von außen nach innen rasch zu einem geschmeidigen Teig verarbeiten. Den Teig zu einer Kugel formen und in Frischhaltefolie mindestens 1 Stunde im Kühlschrank ruhen lassen.

• Die Arbeitsfläche dünn mit Mehl bestäuben. Den Teig etwa 3 mm dick ausrollen und in gleich große Stücke in Spielkartenform ausschneiden.

• Ein Backblech mit Backtrennpapier auslegen. Die Kartenblätter mit genügend Abstand voneinander darauf legen.

• Das Eigelb verquirlen und die Karten damit bestreichen.

• Die Mandeln halbieren und die Plätzchen wie Spielkarten

verzieren. Im vorgeheizten Backofen bei 200 °C auf der mittleren Schiene 8-10 Minuten goldbraun backen. Die fertigen Kartenblätter auf einem Kuchengitter auskühlen lassen und zum Aufbewahren mit Pergamentpapier in Blechdosen schichten.

Ingwer-Nuß-Häufchen

einfach, braucht Zeit
60 Stück

- ★ 125 g kandierter Ingwer
- ★ 75 g Mehl
  und Mehl zum Verarbeiten
- ★ 75 g Zucker
- ★ 1 Päckchen Vanillinzucker
- ★ 2 Eigelb
- ★ 75 g weiche Butter
- ★ 125 g gemahlene Cashewnüsse
- ★ 1 Messerspitze gestoßener Kardamom
- ★ 1 Prise Salz
- ★ 50 g Cashewnüsse, fein gehackt

Den kandierten Ingwer fein hacken. Das Mehl mit Zucker und Vanillinzucker auf die Arbeitsfläche sieben und in die Mitte eine Mulde drücken. Das Eigelb hineingeben. Die Butter in Flöckchen auf den Rand setzen. Alles rasch von außen nach innen zu einem glatten Teig verarbeiten. Zuletzt gemahlene Nüsse, gehackten Ingwer, Kardamom und Salz einkneten und den Teig zu einer Kugel formen. Zugedeckt im Kühlschrank 30 Minuten ruhen lassen.

• Ein Backblech mit Backtrennpapier auslegen. Aus dem Teig mit den Händen kleine Kugeln formen, in die gehackten Nüsse drücken und auf das Backblech setzen.
Im vorgeheizten Backofen bei 180 °C auf der mittleren Schiene ca. 10 Minuten backen.

• Die fertigen Nußhäufchen mit dem Papier vom Blech ziehen und auskühlen lassen. Zwischen Pergamentpapier in Blechdosen aufbewahren.

Mandelgebäck

einfach, zum Einfrieren
40 Stück

- 250 g Mehl und Mehl für die Arbeitsfläche
- 100 g geschälte, gemahlene Mandeln
- 100 g Zucker
- 1 Päckchen Vanillinzucker
- 150 g kalte Butter
- 1 Ei, getrennt
- 100 g Himbeerkonfitüre
- Puderzucker zum Bestäuben

Das Mehl mit Mandeln, Zucker und Vanillinzucker auf die Arbeitsfläche sieben und eine Mulde hineindrücken. Die klein gewürfelte Butter und das Eigelb zugeben und alles zu einem glatten Teig kneten. Zur Kugel formen und in Frischhaltefolie gewickelt im Kühlschrank 1 Stunde ruhen lassen.

• Den Teig auf der bemehlten Arbeitsfläche dünn ausrollen und beliebige Formen in gerader Anzahl ausstechen.

• Ein Backblech mit Backtrennpapier auslegen. Das Eiweiß leicht schlagen.

• Die Plätzchen mit Eiweiß bestreichen, auf das Backblech legen und im vorgeheizten Backofen bei 175 °C ca. 10 Minuten backen.

• Die fertigen Plätzchen mit dem Papier vom Blech ziehen und abkühlen lassen.

• Die Konfitüre glatt rühren. Jeweils 2 Plätzchen mit etwas Konfitüre zusammenkleben. Zuletzt alle Plätzchen dick mit Puderzucker bestäuben.

Mandelbögen

braucht Zeit
40 Stück

- 150 g Zucker
- 3 Eier, getrennt
- 80 g Mehl
- 150 g gestiftelte Mandeln

Den Zucker und das Eigelb so lange schaumig rühren, bis sich der Zucker vollkommen aufgelöst hat.

• Das Eiweiß schnittfest schlagen und unterheben. Das Mehl darüber sieben und unterheben.

• Die Masse auf ein mit Backtrennpapier ausgelegtes Backblech dünn aufstreichen, mit den Mandelstiften bestreuen und im vorgeheizten Backofen bei 175 °C ca. 20 Minuten hellbraun backen.

• Die Gebäckplatte noch warm in Streifen von 3 x 12 cm schneiden und die Streifen sofort über ein rundes Holz legen, damit sie eine Bogenform bekommen.

Hildabrötchen

Den Guß über Nacht trocknen lassen

einfach, braucht Zeit
75 Stück

Teig
- 500 g Mehl und Mehl für die Arbeitsfläche
- 125 g gemahlene Mandeln
- 250 g Zucker
- 2 Eier
- 250 g Butter
- geriebene Schale von 1 unbehandelten Zitrone
- 150 g Johannisbeergelee

Glasur
- 150 g Puderzucker
- 1 EL Zitronensaft
- 1 Eiweiß

Das Mehl mit Mandeln und Zucker auf die Arbeitsfläche sieben und in die Mitte eine Mulde drücken. Eier, Butter in Flöckchen und Zitronenschale hineingeben. Alles schnell zu einem Teig verkneten, zu einer Kugel formen, in Folie wickeln und 1 Stunde im Kühlschrank ruhen lassen.

• Den Teig auf der bemehlten Arbeitsfläche 2 mm dick ausrollen. Jeweils die gleiche Anzahl von Plätzchen mit runden Förmchen von 3, 4 und 5 cm Durchmesser ausstechen.

• Das Backblech mit Backtrennpapier auslegen und die Plätzchen darauf setzen. Im vorgeheizten Backofen bei 175 °C auf der mittleren Schiene 10-12 Minuten goldgelb backen.

• Die Plätzchen aus dem Ofen nehmen und auf einem Kuchengitter etwas abkühlen lassen. Dann jeweils 3 Plätzchen unterschiedlicher Größe mit Johannisbeergelee terrassenförmig zusammensetzen.

• Für die Glasur den Puderzucker mit dem Zitronensaft und dem Eiweiß zu einem dicken Guß verrühren. Die dreistöckigen Hildabrötchen damit bestreichen und über Nacht trocknen lassen. Zum Aufbewahren mit Pergamentpapier in Blechdosen schichten.

Haubenbusserl

einfach, braucht Zeit
40 Stück

- 4 Eier
- 240 g Zucker
- 500 g Mehl
- 1 Päckchen Lebkuchengewürz
- 2 EL gehackte Haselnüsse
- 2 EL gehackte Datteln
- Butter für das Blech

Glasur
- 200 g Puderzucker
- 4 TL Rum
- Mandel- und Dattelstifte zum Garnieren

Die Eier mit dem Zucker schaumig rühren. Das Mehl sieben und langsam einrieseln lassen.

• Das Lebkuchengewürz, die Haselnüsse und die Datteln unterrühren.

• Das Blech einfetten. Den Backofen auf 200 °C vorheizen.

• Aus dem Teig kleine Kugeln formen. Jeweils 3 Kugeln dicht aneinander auf das Blech legen und im heißen Ofen auf der mittleren Schiene ca. 15 Minuten backen. Beim Backen wachsen die Busserl zusammen.

• Inzwischen den Rumguß herstellen: Den Puderzucker in eine Schüssel sieben und mit dem Rum glattrühren.

• Die fertigen Busserl vom Blech auf ein Kuchengitter heben und mit dem Rumguß überziehen. Mit den Mandel- und Dattelstiften garnieren. Vor dem Verpacken in Blechdosen gut trocknen lassen.

Nougattaler mit Pistazienrand

einfach, braucht Zeit
50 Stück

- 200 g Mehl und Mehl für die Arbeitsfläche
- 75 g Puderzucker
- 1 Ei und 1 Eiweiß, Gewichtsklasse M
- 1 Prise Salz
- 1 Päckchen Vanillinzucker
- 100 g kalte Butter
- 150 g Nougatmasse

Pistazienrand
- 100 g Pistazienkerne
- 1 Eiweiß

Das Mehl auf die Arbeitsfläche häufen und in die Mitte eine Mulde drücken. Puderzucker, Ei, Eiweiß, Salz und Vanillinzucker hineingeben. Die Butter klein würfeln und um die Mulde verteilen.

• Alles mit dem Mehl vermischen und rasch zu einem glatten Teig kneten. Den Teig zur Kugel formen und in Klarsichtfolie 1 Stunde in den Kühlschrank legen.

• Die Nougatmasse in Streifen von 1/2 cm Breite schneiden. Den Teig halbieren und jede Hälfte auf der bemehlten Arbeitsfläche zu einer 25 cm langen Rolle formen. Jede Rolle gleichmäßig flach drücken und die Nougatstreifen darauf verteilen. Den Teig über dem Nougat zusammenschlagen und wieder eine 25 cm lange Rolle formen. Beide Rollen in Klarsichtfolie 1 Stunde in den Kühlschrank legen.

• Die Pistazien nicht zu fein hacken. Das Eiweiß mit einer Gabel leicht schlagen. Die Teigrollen mit dem Eiweiß dünn bestreichen und in den gehackten Pistazien wälzen.

• 2 Backbleche mit Backtrennpapier auslegen. Jede Teigrolle in 25 Scheiben schneiden und auf die Bleche setzen.

Mandelstangen

einfach
35 Stück

- 280 g Mehl und Mehl für die Arbeitsfläche
- 1 TL Backpulver
- 100 g Zucker
- 100 g kalte Butter
- 1 Ei, Gewichtsklasse M
- 2 Eiweiß
- 250 g Marzipan-Rohmasse, gerieben
- 2 cl Cointreau
- 1 Päckchen Vanillinzucker
- 1 Ei zum Bestreichen
- 50 g Mandelblättchen

Für den Mürbeteig Mehl, Backpulver und Zucker auf die Arbeitsfläche sieben und eine Mulde hineindrücken. Die klein gewürfelte Butter und das Ei zugeben. Alles rasch zu einem glatten Teig kneten, in Folie wickeln und 30 Minuten im Kühlschrank ruhen lassen.

• Das Eiweiß zu steifem Schnee schlagen und mit dem Marzipan, dem Orangenlikör und dem Vanillinzucker glatt rühren. Den Mürbeteig auf der bemehlten Arbeitsfläche ausrollen und mit dem Teigrad Quadrate von etwa 6 cm Seitenlänge ausschneiden.

• Auf jedes Viereck etwas Marzipanmasse streichen und den Teig fest zusammenrollen.

• Die Stangen auf das mit Backtrennpapier ausgelegte Backblech setzen, mit dem geschlagenen Ei bestreichen und mit den Mandelblättchen bestreuen.

• Im vorgeheizten Backofen bei 200 °C auf der mittleren Schiene ca. 20 Minuten backen, bis sie goldbraun sind.

• Den Backofen auf 175 °C vorheizen und die Bleche nacheinander auf die 2. Schiene von unten setzen. Die Taler gut 10 Minuten backen.

• Dann mit dem Papier vom Blech ziehen und auskühlen lassen. Zum Aufbewahren zwischen Pergamentpapier in Blechdosen schichten.

Streifenhörnchen

einfach, braucht Zeit
60 Stück

- 430 g Mehl und Mehl für die Arbeitsfläche
- 300 g Butter
- 2 Eigelb
- 150 g Zucker
- 1 Vanilleschote
- 100 g Schokoladenglasur

Das Mehl mit Butter, Eigelb und dem Zucker bis auf 2 Eßlöffel auf der bemehlten Arbeitsfläche zu einem glatten Teig kneten.

• Den Teig zu einer langen Rolle formen, in Scheiben schneiden und aus den Scheiben Hörnchen formen.

• Die Hörnchen auf ein Backblech setzen und im vorgeheizten Backofen bei 175 °C 15 Minuten backen.

• Die Vanilleschote aufschlitzen, auskratzen und das Vanillemark mit dem restlichen Zukker mischen. Die Hörnchen noch heiß in dieser Mischung wenden.

• Die Schokolade schmelzen und von einem Löffel in unregelmäßigen Streifen über die Hörnchen ziehen.

Mohnplätzchen

einfach, Blitzrezept
120 Stück

- 250 g Mehl und Mehl für die Arbeitsfläche
- 80 g kalte Butter
- 100 g Puderzucker
- 5 g Backpulver
- 1 Ei
- 30 g Mohn, nicht gemahlen
- 1–2 EL Milch

Das Mehl auf die Arbeitsfläche sieben, eine Mulde hineindrücken und die Butter in Würfeln auf dem Mehl verteilen. Den Puderzucker mit dem Backpulver vermischt darüber sieben, das Ei und den Mohn dazugeben. Alles rasch zu einem Mürbeteig verkneten und nach Bedarf 1–2 Eßlöffel Milch zugeben.

• Den Teig nicht ruhen lassen, sondern sofort auf der bemehlten Arbeitsfläche 2 mm dick ausrollen. Mit verschiedenen Förmchen Plätzchen ausstechen.

• Ein Backblech mit Backtrennpapier auslegen und die Plätzchen darauf im vorgeheizten Backofen bei 180 °C auf der 2. Schiene von oben etwa 6 Minuten backen. Zum Auskühlen vom Blech ziehen.

• In eine Blechdose verpackt hält sich dieses Gebäck sehr lange.

Mandelkugeln

einfach, zum Einfrieren
35 Stück

Teig
- 250 g Butter
- 500 g Mehl
- 150 g Zucker
- 1 Messerspitze Salz
- 1 EL Orangensaft
- 4 EL Milch

Füllung
- 200 g geschälte, gehackte Mandeln
- 100 g Zucker
- 2 EL Orangensaft

Die Butter schmelzen und etwas abkühlen lassen. Das Mehl in eine Rührschüssel sieben und mit Butter, Zucker, Salz und Orangensaft vermischen. Unter Zugabe der Milch den Teig geschmeidig kneten.

- Die Zutaten für die Füllung verrühren.
- Aus dem Teig walnußgroße Kugeln formen, ein Loch in jede Kugel drücken und etwas Mandelfüllung hineingeben. Den Teig über der Füllung wieder schließen.
- Die Kugeln in der restlichen Füllung rollen und auf ein mit Backtrennpapier ausgelegtes Backblech legen. Im vorgeheizten Backofen bei 175 °C auf der mittleren Schiene ca. 20 Minuten hellgelb backen. Die Kugeln dürfen nicht bräunen, sonst werden sie zu hart!
- Solange sie noch warm sind, können die Kugeln weich sein, aber beim Auskühlen werden sie fest. In Blechdosen aufbewahren, bis sie mürb sind.

Marzipan-kekse

einfach
30 Stück

Teig

- 500 g Marzipan-Rohmasse
- 100 g Puderzucker
- 1 Eiweiß
- 50 g Mehl und Mehl für die Arbeitsfläche
- 2 cl Amaretto
- 1 Prise Salz

Zum Verzieren

- 1 Eiweiß
- 60 g gehackte Mandeln

Das Marzipan grob reiben und mit Puderzucker, Eiweiß, Mehl, Amaretto und Salz zu einer glatten Masse verrühren. Im Kühlschrank 30 Minuten ruhen lassen.

• Die Marzipanmasse auf der bemehlten Arbeitsfläche zu einem 2–3 mm dicken Fladen ausrollen. Die Kekse mit einem Förmchen ausstechen, mit verquirltem Eiweiß bestreichen und mit den Mandeln bestreuen.

• Auf einem mit Backtrennpapier ausgelegten Backblech im vorgeheizten Backofen bei 140 °C ca. 20 Minuten hellbraun backen.

4. ADVENT

In letzter Minute:
Schnelle Plätzchen
Pralinen und Naschwerk
Kuchen zum Fest

Grießplätzchen

einfach
40 Stück

- 100 g Grieß
- 100 ml Milch
- 100 g Zucker
- 1 Eigelb
- 80 g weiche Butter
- 1 Päckchen Vanillinzucker
- 1 Prise Salz
- abgeriebene Schale von ½ unbehandelten Zitrone
- 100 g Mehl
- 1 TL Backpulver

Den Grieß in der Milch 30 Minuten einweichen. In der Zwischenzeit den Zucker mit Eigelb, zimmerwarmer Butter, Vanillinzucker und 1 Prise Salz schaumig rühren, bis eine dickflüssige Masse entsteht. Die Zitronenschale einrühren.

• Das Mehl mit dem Backpulver in eine Schüssel sieben. Nach und nach das Mehl und den vorgeweichten Grieß zu der Buttercreme geben und unterrühren.

• Ein Backblech mit Backtrennpapier auslegen. Mit einem Teelöffel von dem Teig ganz kleine Portionen abstechen und zu Kugeln formen. Die Teigkugeln weit auseinander auf das Backblech setzen, da sie beim Backen zu breiten Platten auseinander laufen.

• Im vorgeheizten Backofen bei 175 °C auf der mittleren Schiene 10–12 Minuten backen. Dann aus dem Ofen nehmen, die Grießplätzchen mit dem Papier vom Blech ziehen und auskühlen lassen. Zum Aufbewahren mit Pergamentpapier in Blechdosen schichten.

Variation:
Nach Geschmack können auch 3–4 Tropfen Bittermandelaroma in die Masse gerührt werden.

Tip

Die Plätzchen schmecken auch ohne Verzierung. Hübsch ist rosa Zuckerguß, der durch eine feine Lochtülle im Zickzack über die Plätzchen gespritzt wird.

Bitterplätzchen

Blitzrezept
40 Stück

- 250 g Zucker
- 2 Eiweiß
- 200 g geschälte, gemahlene Mandeln
- 3 Tropfen Bittermandelaroma
- abgeriebene Schale von 1/2 unbehandelten Zitrone
- Saft von 1/2 Zitrone
- 40 g Zitronat

Den Zucker mit dem Eiweiß schaumig rühren. Mandeln, Aroma, Zitronenschale und Zitronensaft zugeben und alles gut vermischen.

• Ein Backblech mit Backtrennpapier auslegen. Den Backofen auf 140 °C vorheizen.

• Mit einem Teelöffel kleine Häufchen der Masse mit genügend Abstand auf das Backblech setzen. Sie laufen beim Backen auseinander.

• Das Zitronat hacken und über die Häufchen streuen. Die Plätzchen im vorgeheizten Backofen etwa 25 Minuten backen.

• Die fertigen Bitterplätzchen mit dem Papier vom Blech ziehen und vor dem Aufbewahren gründlich auskühlen lassen.

Nußbaisers

einfach, Blitzrezept
60 Stück

- 2 Eiweiß
- 140 g Puderzucker
- 100 g gehackte Walnußkerne

Das Eiweiß mit dem Puderzucker im heißen Wasserbad aufschlagen. Herausnehmen und weiterschlagen, bis die Masse wieder kalt ist und sich wie ein weiches Band ziehen läßt.

• Die gehackten Walnüsse unterheben und gut vermischen.

• Ein Backblech mit Backtrennpapier auslegen und mit einem Teelöffel kleine Häufchen von der Masse darauf setzen.

• Im vorgeheizten Backofen bei 130 °C etwa 35 Minuten trocknen.

• Die Baisers sind gelungen, wenn sie schön rund, ganz leicht rosafarben und innen hohl werden.

Baisertaler

einfach
20 Stück

- 4–5 hartgekochte Eigelb
- 50 g Zucker
- 1 Prise Salz
- 1 Messerspitze Zimtpulver
- abgeriebene Schale von ½ unbehandelten Zitrone
- 125 g Mehl und Mehl für die Arbeitsfläche
- 90 g Butter
- 2 Eiweiß
- 25 g Zucker
- 80 g Mandelstifte

Vier Eigelbe durch ein Sieb streichen. Mit Zucker, Salz, Zimt und Zitronenschale verrühren.

• Das Mehl und die in Würfel geschnittene Butter in die Masse einarbeiten. Wenn der Teig zu fest ist, noch ein Eigelb hinzufügen.

• Den Teig auf der leicht bemehlten Arbeitsfläche etwa 4 mm dick ausrollen. Mit einem Ausstecher kleine, runde Scheiben ausstechen und direkt auf das Backblech setzen.

• Den Backofen auf 200 °C vorheizen.

• Das Eiweiß zu steifem Schnee schlagen und dann den Zucker einarbeiten. Diese Masse in kleinen Häufchen auf die Plätzchen setzen und mit den Mandelstiften garnieren.

• In den heißen Backofen auf die mittlere Schiene schieben und ca. 20 Minuten backen.

Schokoladebrötchen

einfach, Blitzrezept
25 Stück

- 4 Eiweiß
- 140 g Zucker
- 140 g Schokoladestreusel
- 140 g gemahlene, geschälte Mandeln
- 40 g Mehl
- 1 Messerspitze Zimtpulver
- 1 Päckchen Vanillinzucker

Das Eiweiß mit 1 Eßlöffel Zucker halb steif schlagen, dann den restlichen Zucker einrieseln lassen und den Eischnee schnittfest schlagen. Die restlichen Zutaten nacheinander vorsichtig unterheben.

• Ein Backblech mit Backtrennpapier auslegen und mit einem nassen Teelöffel kleine Häufchen von der Masse darauf setzen.

• Im vorgeheizten Backofen bei 140 °C etwa 25 Minuten backen.

Schmandkringel

einfach, Blitzrezept
80 Stück

- 125 g Mehl und Mehl für die Arbeitsfläche
- 2 EL Schmand oder Crème double
- 100 g weiche Butter
- 1 Prise Salz
- 2 Eigelb
- 50 g Hagelzucker
- Butter zum Einfetten

Das Mehl mit Schmand, Butter und Salz schnell verkneten. In Frischhaltefolie einwickeln und für 2 Stunden in den Kühlschrank stellen.

• Die Arbeitsfläche mit Mehl bestäuben und den Teig dünn ausrollen. Mit zwei runden Ausstechern von unterschiedlichem Durchmesser (z. B. 1,5 und 4 cm) Kringel ausstechen, mit dem verquirlten Eigelb bestreichen und mit dem Hagelzucker bestreuen.

• Auf ein mit Backtrennpapier ausgelegtes Backblech legen und im vorgeheizten Backofen bei 180 °C ca. 15 Minuten backen.

Nußstreifen

einfach, braucht Zeit
80 Stück

- 50 g Pecannußkerne
- 50 g Haselnußkerne
- 100 g Walnußkerne
- 250 g Mehl und Mehl für die Arbeitsfläche
- 1 Prise Salz
- 1 Päckchen Vanillinzucker
- 1 Ei
- 120 g flüssiger Honig
- 150 g kalte Butter
- 80 g Vollmilchkuvertüre
- 80 g Zartbitter-kuvertüre
- 2 EL Rum
- 70 g Sultaninen

Die Nüsse mahlen. Mit Mehl und Salz in einer Schüssel mischen.

• Vanillinzucker, Ei, Honig und die gewürfelte Butter zugeben. Den Teig gut verkneten, zur Kugel formen, in Klarsichtfolie wickeln und mindestens 1 Stunde kühlen.

• Danach den Teig auf der bemehlten Arbeitsfläche 3 mm dick ausrollen und mit einem gezackten Teigrad in Streifen von 7 x 2 cm schneiden. Auf ein mit Backtrennpapier ausgelegtes Backblech setzen.

• Im vorgeheizten Backofen bei 175 °C auf der mittleren Schiene etwa 15 Minuten backen.

• Inzwischen die Sultaninen grob hacken und die Kuvertüren nach Vorschrift erwärmen. Den Rum und die Sultaninen einrühren.

• Die gebackenen Streifen zu 3/4 mit der Masse bestreichen und trocknen lassen.

Kokos-küchlein

einfach
60 Stück

- ★ 100 g Butter
- ★ 150 g Zucker
- ★ 1 Ei
- ★ 50 g Schokoladetröpfchen
- ★ fein geriebene Schale von ½ unbehandelten Orange
- ★ 150 g Kokosraspel
- ★ 1 TL Backpulver
- ★ 50 g Mehl

Die Butter mit Zucker und Ei mit dem Handrührgerät schaumig schlagen, bis sich der Zucker gelöst hat.

• Schokoladetröpfchen, Orangenschale, 100 g Kokosraspel und das mit Backpulver vermischte Mehl zugeben und so untermischen, daß ein glatter Teig entsteht.

• Aus dem Teig kleine Kügelchen (in Größe eines Wachteleis) drehen und in Papierförmchen legen.

• Die Förmchen auf ein Backblech stellen und die Küchlein

200 °C auf der mittleren Schiene ca. 15 Minuten backen – sie gehen stark auf!

• Die gebackenen Küchlein mit den restlichen Kokosraspeln bestreuen und in den Papierformen abkühlen lassen.

Mohn-makronen

einfach, braucht Zeit
60 STÜCK

- ★ 1 Beutel fertige Mohnmischung, 250 g
- ★ 100 g Marzipan-Rohmasse
- ★ 3 EL Rum
- ★ 60 g Sultaninen
- ★ 1 TL Zimtpulver
- ★ 200 g gemahlene, geschälte Mandeln
- ★ 5 Eiweiß
- ★ 50 g Zucker
- ★ 30 geschälte Mandeln

Die Mohnmischung mit dem zerbröckelten Marzipan und dem Rum verrühren. Die Sultaninen grob hacken, mit Zimt und gemahlenen Mandeln unter die Mohnmasse mischen.

• Das Eiweiß mit dem Zucker zu steifem Schnee schlagen und vorsichtig unterheben.

• Die Mohn-Mandelmasse portionsweise in einen Spritzbeutel mit weiter Lochtülle füllen. Auf ein mit Backtrennpapier ausgelegtes Backblech kleine Häufchen spritzen. Die Mandeln halbieren und auf die Makronen setzen.

• Die restliche Masse bis zur Weiterverarbeitung in den Kühlschrank stellen.

• Die Makronen im vorgeheizten Backofen bei 175 °C auf der 2. Schiene von oben 25 Minuten backen.

Getauchte Makronen

einfach
40 Stück

- ★ 50 g Zwieback
- ★ 250 g Marzipan-Rohmasse
- ★ 2 Eiweiß, Gewichtsklasse M
- ★ 1 Prise Salz
- ★ 125 g Puderzucker
- ★ 200 g Kuvertüre
- ★ 1 EL Butter

Den Zwieback auf einer Haushaltsreibe fein reiben. Die Zwiebackbrösel mit dem Marzipan in einer Schüssel mit den Händen zu einem geschmeidigen Teig verkneten.

• Das Eiweiß mit dem Salz in einer zweiten Schüssel sehr steif schlagen. Zuletzt den Puderzucker unter den Eischnee schlagen.

• Mit einem Holzlöffel die Eischneemasse unter den Marzipanteig mischen.

• Ein Backblech mit Backtrennpapier auslegen. Mit 2 Teelöffeln kleine Teighäufchen auf das Papier setzen. Zwischen den Häufchen genügend Abstand lassen, da sie beim Backen auseinander laufen. Im vorgeheizten Backofen bei 160 °C auf der mittleren Schiene 15 Minuten backen.

• Die fertigen Makronen vom Blech heben und auf einem Kuchengitter auskühlen lassen.

• Für die Glasur die Kuvertüre zerkleinern. Mit der Butter im nicht zu heißen Wasserbad unter Rühren langsam schmelzen, bis eine glatte Masse entstanden ist. Die Marzipanmakronen zu $^{3}/_{4}$ in die Glasur tauchen und auf ein Gitter legen.

• Wenn die Glasur getrocknet ist, die Makronen zum Aufbewahren mit Pergamentpapier in Blechdosen schichten.

Marzipanmakronen

einfach, zum Einfrieren
40 Stück

- ★ 500 g Marzipan-Rohmasse
- ★ 2 Eigelb und 1 Ei, Gewichtsklasse M
- ★ 150 g Puderzucker
- ★ 20 Belegkirschen

Das Marzipan mit einer Gabel gut zerdrücken und mit dem Eigelb, dem ganzen Ei und dem Puderzucker zu einem Teig rühren. Die Belegkirschen halbieren.

• Ein Backblech mit Backtrennpapier auslegen. Den Teig in einen Spritzbeutel mit weiter Lochtülle füllen. Mit genügend Abstand kleine Teighäufchen auf das Blech spritzen und mit Kirschen verzieren.

• Die Makronen im vorgeheizten Backofen bei 160 °C 20 Minuten backen. Mit dem Papier vom Blech ziehen und auskühlen lassen.

Nußkugeln

einfach
40 Stück

- 200 g kandierte Früchte
- 200 ml Rum
- 150 g gemahlene Haselnüsse
- 150 g grob gehackte Haselnüsse
- 2 Päckchen Vanillinzucker
- 3 Eigelb
- Fett für das Backblech

Die kandierten Früchte grob hacken. In einer Kasserolle mit Rum, gemahlenen und gehackten Haselnüssen, Vanillinzucker und Eigelb mischen.

- Auf kleiner Hitze unter Rühren erwärmen. So lange rühren, bis ein fester Teig entstanden ist. Dann die Kasserolle vom Herd nehmen und die Masse etwas abkühlen lassen.
- Aus der Nußmasse walnußgroße Kugeln drehen und auf ein gefettetes Backblech legen. Im vorgeheizten Backofen bei 75 °C 15 Minuten trocknen lassen.
- Die fertigen Nußkugeln aus dem Ofen nehmen und auf einem Kuchengitter auskühlen lassen.
- In Konfekthütchen setzen und in Blechdosen schichten. Kühl aufbewahren, jedoch nicht länger als 14 Tage.

Marzipan-ravioli

braucht Zeit
60 Stück

1. Füllung
- ★ 100 g Datteln
- ★ 200 g geschälte, gehackte Mandeln
- ★ 2 EL Amaretto
- ★ 50 g Kakaopulver zum Bestäuben

2. Füllung
- ★ 20 g Haselnußkerne
- ★ 100 g weiche, getrocknete Feigen
- ★ 2 EL brauner Rum
- ★ 200 g Haselnußglasur

3. Füllung
- ★ 100 g entsteinte Backpflaumen
- ★ 10 g Orangeat
- ★ 20 g Walnußkerne
- ★ 2 EL Zwetschgengeist
- ★ ½ TL Zimtpulver
- ★ 200 g Kuvertüre, halbbitter

Teig
- ★ 150 g Zucker
- ★ 500 g Marzipan-Rohmasse
- ★ 250 g Puderzucker
- ★ 1 Eiweiß

Für die erste Füllung die Datteln schälen, entkernen und hacken. Für die zweite Füllung die Haselnußkerne rösten und mit den Feigen klein hakken. Für die dritte Füllung die Backpflaumen, Orangeat und Walnüsse miteinander hacken.

• Die Zutaten zu jeder Füllung, mit Ausnahme der Glasuren, gründlich vermischen und zugedeckt beiseite stellen.

• Den Zucker und 150 ml Wasser kochen, bis der Sirup klar ist. Abkühlen lassen.

• Bei kühler Raumtemperatur und möglichst auf Stein die Marzipan-Rohmasse mit 200 g Puderzucker und dem Eiweiß schnell verkneten, in 6 gleiche

Scheiben schneiden und 4 davon in Folie wickeln.

• Die Marzipanscheiben zu 2 gleich großen Platten, etwa 20 x 20 cm, ausrollen. Statt Mehl den restlichen und eventuell noch zusätzlichen Puderzucker verwenden. Die untere Platte mit der kalten Zuckerlösung bestreichen. Die Füllmasse in kleinen Häufchen darauf verteilen.

• Die zweite Platte darüber legen und leicht andrücken. Die Ravioli quadratisch oder rund ausschneiden bzw. -stechen. Die Raviolirränder eventuell nachträglich noch etwas kneifen. Die restlichen Marzipanscheiben ebenso verarbeiten.

• Die Ravioli mit Dattelfüllung in Kakaopulver wälzen. Für die beiden anderen Sorten die Glasuren schmelzen, die Ravioli hineintauchen und zum Trocknen auf Backtrennpapier oder Alufolie setzen.

Weihnachts-kugeln

einfach, Blitzrezept
zum Einfrieren
20 STÜCK

- ★ 400 g Honig
- ★ 200 g kandierte Früchte
- ★ 100 g gehackte Mandeln
- ★ 100 g Kakaopulver
- ★ 1 Messerspitze Zimtpulver
- ★ 100 g gemahlene Haselnüsse
- ★ 75 g gehackte Haselnüsse

Den Honig auf kleiner Hitze zum Kochen bringen. Die kandierten Früchte hacken. Den flüssigen Honig vom Herd nehmen und nacheinander Mandeln, Kakao, Zimt, gemahlene Haselnüsse und kandierte Früchte zugeben und gut vermischen.

• Den Honig auskühlen lassen. Falls die Masse zu weich ist, noch mehr gemahlene Haselnüsse einarbeiten. Aus der Mischung etwa 20 Kugeln rollen. Die Kugeln zuletzt in den gehackten Haselnüssen wälzen.

Wiener Dattelbusserl

einfach, braucht Zeit
30 Stück

- 2 Eiweiß
- 100 g Puderzucker
- 50 g gestiftelte Mandeln
- 100 g Datteln
- 30 Oblaten, 3 cm Durchmesser

Das Eiweiß sehr steif schlagen. Den Puderzucker und die Mandeln einrühren. Die Datteln in feine Streifen schneiden und vorsichtig untermengen.

• Die Oblaten auf einem Blech verteilen. Kleine Teighäufchen auf die Oblaten setzen und im vorgeheizten Backofen bei 150 °C ca. 20 Minuten trocknen lassen. Zum Auskühlen auf ein Kuchengitter heben.

Torrone

braucht Zeit
80 Stück

- 250 g Honig
- 250 g ungeschälte Mandelkerne
- 250 g ungeschälte Haselnußkerne
- 100 g Pistazienkerne
- 100 g kandierte Kirschen
- 200 g Zucker
- 250 g Zartbitterschokolade
- 3 Eiweiß
- 1 Prise Salz
- geriebene Schale von 1 unbehandelten Orange
- 1 Messerspitze Zimtpulver
- Puderzucker zum Bestäuben

Den Honig in einer größeren Schüssel im Wasserbad erhitzen. Wenn er flüssig ist, die Temperatur verringern und unter häufigem Rühren bei kleiner Hitze 1 Stunde köcheln lassen.

• Inzwischen die ungeschälten Mandelkerne in einer Schüssel mit kochend heißem Wasser überbrühen und 2 Minuten darin ziehen lassen. In ein Sieb schütten, mit kaltem Wasser abschrecken und die Mandeln mit den Fingerspitzen aus den Häutchen drücken.

• Die Haselnüsse auf einem Backblech auf der mittleren Schiene im Backofen bei 175 °C 10 Minuten rösten, damit die Häutchen aufplatzen. Die Nüsse

auf ein Küchentuch schütten und so lange reiben, bis die Häutchen ganz abgelöst sind. Die Mandeln, Haselnüsse, Pistazienkerne und die kandierten Kirschen grob hacken.

- 3 Eßlöffel Zucker mit 3 Eßlöffel Wasser in einem kleinen Topf unter Rühren langsam erhitzen, bis sich der Zucker ganz aufgelöst hat. Die Schokolade hineinreiben und in der Zuckerlösung unter Rühren schmelzen.
- Den restlichen Zucker in einem zweiten Topf mit 2–3 Eßlöffel Wasser zu einem dickflüssigen Sirup kochen, dabei häufig umrühren.
- Das Eiweiß mit 1 Prise Salz sehr steif schlagen.
- Wenn der Honig zähflüssig eingekocht ist, langsam den Eischnee unterziehen. Nach und nach den Zuckersirup, die geschmolzene, warme Schokolade, die Nüsse, Pistazienkerne und kandierten Kirschen untermischen. Die abgeriebene Orangenschale und den Zimt zufügen. Die Schüssel aus dem Wasserbad heben und etwas abkühlen lassen.
- Aus der Honig-Nußmasse jeweils 1 gehäuften Teelöffel abstechen und zu einer Kugel drehen. Die Hälfte der Kugeln in Puderzucker wälzen und in Konfekthütchen setzen. Die Torronekugeln in Blechdosen kühl und trocken aufbewahren.

Maronikugeln

einfach, braucht Zeit
40 Stück

- 500 g Maroni (Eßkastanien)
- 250 g Zucker
- 200 ml Milch
- 1 Päckchen Vanillinzucker
- 2 EL Butter
- 1 EL Rum
- Puderzucker und Schokoraspel zum Garnieren

Die Kastanien in der Schale waschen und auf der runden Seite über Kreuz einschneiden.

• In einem Topf mit Wasser bedeckt ca. 30 Minuten weich kochen. Abgießen und etwas abkühlen lassen.

• Dann die Schale und die hellgelbe Innenhaut entfernen. Die Kastanien noch warm durch ein Sieb passieren oder im Mixer pürieren.

• Den Zucker mit 1/8 Liter Wasser unter Rühren zu einem dickflüssigen Sirup kochen. Das Kastanienpüree, Milch, Vanillinzucker, Butter und Rum unterrühren und so lange weiterkochen, bis eine formbare Masse entstanden ist. Die Kastanienmasse auskühlen lassen.

• Anschließend zu walnußgroßen Kugeln drehen und in Puderzucker oder Schokoraspeln wälzen. In einem kühlen Raum über Nacht trocknen lassen. Dann nochmals in Puderzucker oder Schokolade wenden und in Konfekthütchen setzen. Mit Pergamentpapier in Blechdosen schichten.

Aprikosenträume

einfach, braucht Zeit
20 Stück

- ★ 125 g getrocknete Aprikosen
- ★ 4 EL Aprikosenlikör
- ★ 200 g Marzipan-Rohmasse
- ★ 100 g Puderzucker
- ★ 100 g Walnußkernhälften
- ★ 100 g Kuvertüre

Die Aprikosen grob hacken, mit dem Aprikosenlikör übergießen und zugedeckt 2 Stunden ziehen lassen.

• Das Marzipan in Flöckchen hinzufügen und alles gut verrühren. Den Puderzucker sieben und unterkneten.

• Aus der Masse 2 cm dicke Rollen formen und diese in etwa 1,5 cm dicke Scheiben schneiden. In jedes Marzipanstück eine Walnußhälfte drücken.

• Die Kuvertüre in einem kleinen Topf im Wasserbad schmelzen und jedes Mazipanstück bis zur Hälfte hineintauchen. Auf Alufolie abtropfen lassen.

Marzipan-kartoffeln

einfach, Blitzrezept
STÜCKZAHL JE NACH GRÖSSE

★ 200 g Marzipan-Rohmasse
★ 2 cl Rum
★ 30 g Kakaopulver

Das Marzipan mit dem Puderzucker und dem Rum zu einer glatten, formbaren Masse verkneten.

• Zu einer Rolle formen, verschieden große Stücke abschneiden und zu ovalen Kugeln formen. Die „Kartoffeln“ mit einem Spieß rundherum unregelmäßig eindrücken. Diese Stellen sollen den Augen der Kartoffeln ähneln.

• Dann die Marzipankartoffeln mit dem Kakao leicht bestäuben. Darauf achten, daß genug von der „Erde“ an den Kartoffeln hängen bleibt.

Knusperberge

einfach,Blitzrezept
15 STÜCK

★ 75 g Cornflakes
★ 100 g geschälte Mandeln
★ 4 EL Honig
★ 20 g Butter
★ abgeriebene Schale von 1 unbehandelten Orange
★ Salz

Die Cornflakes in eine Tüte oder einen Frischhaltebeutel geben und mit der Teigrolle darüber rollen. Sie sollen zu groben Bröseln zerbrechen.

• Die Mandeln mittelfein hakken. Mit Honig, Butter, Orangenschale und wenig Salz in einer Pfanne vermischen und bei schwacher Hitze unter ständigem Rühren so lange rösten, bis die Mandeln goldbraun sind.

• Vom Herd nehmen, die Cornflakes-Brösel hinzufügen und alles gut mischen.

• Die Masse auf eine geölte Alufolie streichen und etwas erkalten lassen. Dann mit den Fingern Knusperberge formen, siehe Abbildung.

Himmlische Datteln

Die Datteln über Nacht marinieren

einfach
20 STÜCK

- 20 große Datteln
- 300 ml brauner Rum, 70%
- 1 Packung Schokoglasur, 150 g
- 20 geschälte Mandelkerne

Die Datteln der Länge nach einschneiden und entkernen, in einen tiefen Teller oder eine große Tasse legen, mit Rum bedecken und über Nacht marinieren lassen.

• Die Schokoglasur nach Anweisung schmelzen. Die Datteln mit Küchenpapier trocknen und in jede Frucht 1 Mandel stecken.

• Die Datteln zur Hälfte in Schokoglasur tauchen und auf Alufolie legen, bis die Glasur fest ist.

Ähnlich einfach, schnell und wohlschmeckend sind die folgenden Weihnachtsrezepte mit Datteln:

Zuckerdatteln

20 STÜCK

- 25 g Walnußkerne
- 100 g Marzipan-Rohmasse
- 1 Schnapsglas Sherry, 2 cl
- 20 Datteln
- 2 EL grober Zucker

Die Walnußkerne fein hakken. Das Marzipan mit Sherry verrühren und in 20 gleiche Stückchen teilen.

• Die Datteln an Stelle des Kerns mit Marzipan füllen, in grobem Zucker rollen und mit den Nüssen bestreuen.

Marzipandatteln

20 STÜCK

★ 100 g Marzipan-Rohmasse
★ 20 Datteln
★ 20 ungeschälte Mandelkerne

Das Marzipan in 20 gleiche Stückchen teilen und die Datteln an Stelle des Kerns mit dem Marzipan füllen.

• Die Mandeln brühen, schälen und leicht in das Marzipan drücken.

Nougatdatteln

20 STÜCK

★ 50 g Marzipan-Rohmasse
★ 50 g weicher Sahnenougat
★ 20 Datteln
★ 50 g zartbittere Schokolade

Das Marzipan und den Sahnenougat in 20 gleiche Stückchen teilen. Die Datteln an Stelle des Kerns mit Marzipan und Nougat füllen.

• Die Schokolade erwärmen und die Datteln damit bestreichen.

Waffeln
Grundrezept

einfach
6 Stück

- ★ 250 g Butter
- ★ 300 g Mehl
- ★ 1 TL Backpulver
- ★ 6 Eier
- ★ 125 g Schlagsahne
- ★ 1 Prise Salz
- ★ 100 g Zucker
- ★ Öl zum Einfetten

Die Butter schmelzen und abkühlen lassen. Sie soll flüssig bleiben.

• Das Mehl und das Backpulver mischen. Eier, Sahne, 1/8 Liter Wasser, Salz, Zucker und die Butter zugeben und gut verrühren. Den Teig mindestens 1 Stunde im Kühlschrank ruhen lassen.

• Das Waffeleisen erhitzen und mit etwas Öl einfetten. (Ein teflonbeschichtetes Waffeleisen braucht natürlich nicht gefettet werden.)

• Etwa 2 Eßlöffel Teig auf das Waffeleisen gießen und schnell ausbreiten. Das Eisen schließen, sofort wenden und die Waffel 3 Minuten backen.

• Das Eisen wieder wenden und nochmals ca. 2 Minuten backen, bis die Waffel hellbraun ist und sich vom Waffeleisen löst. (Waffeleisen mit Thermostat müssen während des Backens nicht gewendet werden.) Den ganzen Teig auf diese Weise verarbeiten.

Mandelwaffeln

In vielen Familien ist das Weihnachtsgebäck vor dem Fest tabu und wehe dem, der nascht! Wie wäre es da inzwischen mit Vollwertwaffeln? Sie passen hervorragend in die Weihnachtszeit und sollen möglichst frisch gebacken verspeist werden.

einfach
4 Stück

- ★ 150 g weiche Butter
- ★ 3 Eier, getrennt, Gewichtsklasse M
- ★ 4 EL Honig
- ★ 1/2 TL Zimtpulver
- ★ 2 Prisen gemahlene Naturvanille (Reformhaus)
- ★ 3 EL Crème fraîche
- ★ 100 g Weizenvollkornmehl
- ★ 100 g gemahlene Mandeln
- ★ 1 TL Backpulver
- ★ 1/8 l Mineralwasser mit Kohlensäure
- ★ 1 Prise Salz
- ★ 50 g Sesamsaat
- ★ Öl zum Einfetten

Die Butter sehr schaumig rühren, dabei nach und nach Eigelb, Honig, Zimt, Vanille und Crème fraîche einrühren.

• Das Weizenvollkornmehl mit den gemahlenen Mandeln und dem Backpulver mischen und einrühren. Die Hälfte des Mineralwassers zugeben und den Teig 30 Minuten quellen lassen.

• Das restliche Mineralwasser mit dem gequollenen Teig verrühren. Das Eiweiß mit Salz steif schlagen und mit der Sesamsaat unter den Teig ziehen.

• Das Waffeleisen nach Gebrauchsanweisung erhitzen und einfetten. 2 Eßlöffel voll Teig hineingeben, verstreichen und

das Eisen schließen. Jede Waffel insgesamt ca. 5 Minuten von beiden Seiten hellbraun backen. Entweder gleich verspeisen oder nebeneinander auf ein Kuchengitter legen.

• Dazu passen Crème fraîche und Preiselbeeren oder eine andere Konfitüre, Apfelmus, Schlagsahne, Sirup, Honig oder einfach Zimt und Zucker.

Nußwürfel

Teig 1 Stunde ruhen lassen

einfach
30 Stück

Mürbeteig

- 200 g Mehl und Mehl für die Arbeitsfläche
- 50 g Speisestärke
- 1 Messerspitze Backpulver
- 175 g weiche Butter
- 50 g Zucker
- 1 Päckchen Vanillinzucker
- 1 Ei

Füllung

- 30 g Sultaninen
- 30 g Zitronat
- 2 EL Rum
- 100 g gemahlene Haselnüsse
- 50 g gemahlene Mandeln
- 75 g Zucker
- 1 unbehandelte Orange
- 1 EL Zitronensaft

Glasur

- 150 g Puderzucker
- 2 EL Zitronensaft
- 30 ungeschälte Haselnußkerne

Das Mehl mit Speisestärke und Backpulver auf die Arbeitsfläche sieben. In die Mitte eine Mulde drücken und die Butter in Flöckchen hineingeben. Zucker, Vanillinzucker und das Ei dazugeben und alles schnell zu einem glatten Teig verkneten. Den Teig zu einer Kugel formen,

in Folie wickeln und im Kühlschrank 1 Stunde ruhen lassen.

• Für die Füllung die Sultaninen in einem Sieb unter heißem Wasser abspülen. Sultaninen und Zitronat hacken und 15 Minuten in dem Rum einweichen. Dann mit den gemahlenen Nüssen, Mandeln, Zucker, der abgeriebenen Schale und dem Saft der Orange und dem Zitronensaft zu einer geschmeidigen Masse verarbeiten.

• Den Mürbeteig auf der bemehlten Arbeitsfläche 3 mm dick zu einem Rechteck ausrollen und anschließend halbieren. Ein Backblech mit Backtrennpapier auslegen. Eine Teighälfte darauf legen, mit der Füllung bestreichen und mit der zweiten Teigplatte bedecken. Den Teig auf der Oberseite mehrmals mit einer Gabel einstechen.

• Im vorgeheizten Backofen bei 200 °C auf der mittleren Schiene ca. 20 Minuten goldgelb backen. Dann aus dem Ofen nehmen und etwas abkühlen lassen.

• Den Puderzucker mit dem Zitronensaft zu einer dickflüssigen Glasur verrühren. Die Teigplatte damit glasieren und noch warm in 3 x 3 cm große Quadrate schneiden. Auf ein Kuchengitter legen. Pro Würfel jeweils 1 Haselnußkern in den noch feuchten Guß drücken.

• Zum Aufbewahren mit Pergamentpapier in Blechdosen schichten.

Walnußtafeln

einfach, braucht Zeit
40 Stück

- 200 g Bitterschokolade
- 250 g weiche Butter
- 6 Eier, getrennt, Gewichtsklasse M
- 200 g Zucker
- 100 g Mehl
- 200 g gehackte Walnußkerne
- 1 TL Nelkenpulver
- 1 TL Zimtpulver
- 1/2 TL gestoßener Kardamom
- Butter zum Einfetten
- 200 g Aprikosenkonfitüre
- 100 g dunkle Kuchenglasur
- 40 g Walnußhälften

Die Schokolade auflösen und etwas abkühlen lassen. Die Butter schaumig rühren.

• Das Eigelb, den Zucker und die flüssige Schokolade gut verrühren.

• Das Eiweiß steif schlagen. Das Mehl sieben und abwechselnd Walnüsse, Gewürze, Eischnee und Mehl unter die Schokoladenmasse heben.

• Eine Fettpfanne mit Backtrennpapier auslegen. Den Teig auf das Papier geben und gut 1 cm dick verstreichen. Im vorgeheizten Backofen bei 175 °C auf der mittleren Schiene gut 25 Minuten backen. Zur Garprobe mit einem Holzspieß anstechen.

- Inzwischen die Aprikosenkonfitüre durch ein Sieb streichen. Die fertige Kuchenplatte auf die Arbeitsfläche stürzen und noch warm mit der Konfitüre bestreichen.
- Die Kuchenglasur erwärmen und glattrühren. Auf die Kuchenplatte gießen und sofort verstreichen. Auf der Schokolade mit einem Messer Quadrate von 4 x 4 cm markieren und jeweils eine Walnußhälfte in die Mitte setzen. Die ausgekühlte Kuchenplatte in die endgültigen Quadrate schneiden.

Ingwergebäck

einfach, braucht Zeit
25 Stück

- 125 g weiche Butter
- 200 g Zucker
- 1 Päckchen Vanillinzucker
- 2 TL Ingwerpulver
- 4 Eier, Gewichtsklasse M
- 250 g Mehl
- 1 TL Backpulver
- 250 g geraspelte Schokolade
- 200 g Sultaninen
- 150 g Zartbitter-Kuvertüre
- 25 kandierte Ingwerstückchen

Die Butter schaumig rühren und nach und nach Zucker, Vanillinzucker, Ingwerpulver und die Eier hinzugeben.

- Das Mehl und das Backpulver mischen und mit der Schokolade eßlöffelweise unterheben.
- Sultaninen waschen, abtropfen lassen, grob hacken und unter den Teig mischen.
- Den Teig in eine mit Backtrennpapier ausgelegte Fettpfanne geben und gut 1 cm dick verstreichen. Im vorgeheizten Backofen bei 175 °C etwa 25 Minuten backen (Garprobe).
- Mit dem Papier vom Blech heben und auf die Arbeitsfläche stürzen. Das Papier abnehmen, den Kuchen erkalten lassen und in kleine Quadrate schneiden.
- Die Kuvertüre in einem Topf im Wasserbad schmelzen. Die Temperatur darf 40 °C nicht überschreiten, sonst wird die Schokolade beim Erkalten grau und matt.
- Das Ingwergebäck mit der Kuvertüre bestreichen und mit den Ingwerstückchen verzieren.

Bûche de Noël

einfach, braucht Zeit
12 Scheiben

Biskuitteig
- 4 Eier, getrennt, Gewichtsklasse M
- 80 g Zucker
- 100 g Mehl
- 20 g Speisestärke
- 1 Prise Salz
- feiner Zucker zum Bestreuen
- 4 EL rotes Johannisbeergelee
- 2 EL Cognac

Buttercreme
- 250 g Kuvertüre
- 150 g weiche Butter
- 200 g Puderzucker
- 2 EL brauner Rum
- abgeriebene Schale von 1 unbehandelten Orange

Dekoration
- 30 g Pistazienkerne
- weiße und dunkle Schokoladenblätter
- Belegkirschen

Das Eiweiß mit dem Zucker steif schlagen. Das Eigelb verquirlen und unter die Eiweißmasse ziehen.

• Mehl, Speisestärke und Salz in eine Schüssel sieben. Nach und nach die Mehlmischung unter die Eimasse heben.

• Ein Backblech mit Backtrennpapier auslegen. Den Biskuitteig darauf gleichmäßig zu einem 25 x 35 cm großen Rechteck verstreichen.

• Im vorgeheizten Backofen bei 200 °C auf der mittleren Schiene 8–10 Minuten hellgelb backen.

• Ein Küchentuch mit feinem Zucker bestreuen. Den Biskuitboden auf das Tuch stürzen. Das Pergamentpapier mit etwas kaltem Wasser anfeuchten und abziehen. Den Biskuitboden mit Hilfe des Küchentuchs einrollen, damit er später nicht bricht. Abkühlen lassen.

• In der Zwischenzeit die Buttercreme zubereiten: Die Kuvertüre mit einem kräftigen, scharfen Messer zerkleinern und im Wasserbad unter Rühren auflösen. Aus dem Wasserbad nehmen und etwas abkühlen lassen. Die zimmerwarme Butter mit dem Puderzucker schaumig schlagen. Rum, Orangenschale und Kuvertüre untermischen.

• Das Johannisbeergelee mit dem Cognac auf mittlerer Hitze verrühren und auflösen.

• Den Biskuitboden auseinanderrollen und mit dem Gelee bestreichen. 1/3 der Buttercreme darauf verteilen und den Biskuit wieder fest zusammenrollen. Die Rolle in Alufolie wickeln und 1 Stunde in den Kühlschrank legen.

• Die restliche Buttercreme in einen Spritzbeutel mit großer Sterntülle füllen und die Biskuitrolle in Längsrichtung mit der Creme so dekorieren, daß es an die Struktur einer Baumrinde erinnert.

• Die Pistazien grob hacken und darüber streuen, dann den „Weihnachtsbaumstamm“ mit den Blättern und Kirschen verzieren.

• Bis zum Servieren in den Kühlschrank stellen.

Rezeptverzeichnis

A
Adventsbrote 79
Anisbrot 28
Anisplätzchen 73
Aprikosenträume 114

B
Baisertaler 98
Basler Leckerli 48
Bischofsbrot 29
Bitterplätzchen 97
Braune Kugellebkuchen 45
Bûche de Noël 126
Bunte Lebkuchen 36
Bunte Zuckerplätzchen 76

D
Das Lebkuchenhaus 38
Dominosteine 47

E
Elisenlebkuchen 41

F
Feigenrolle 33
Feine Bärentatzen 70
Festtagskuchen 24
Figuren aus Salzteig 54
Fingergolatschen 78
Früchtekuchen 22

G
Getauchte Makronen 102
Grießplätzchen 96

H
Hagelzuckerprinten 52
Haselnußmakronen 67
Haubenbusserl 86
Hildabrötchen 86
Himmlische Datteln 116
Honigplätzchen 50

I
Ingwer-Nuß-Häufchen 83
Ingwergebäck 124

K
Kartenblätter 82
Kletzenbrot 18
Knusperberge 115
Kokosküchlein 100
Kokosmakronen 81

L
Linzer Plätzchen 68

M
Makronenkugeln 67
Mandelbögen 85
Mandelgebäck 84
Mandelkugeln 92
Mandelstangen 89
Mandelwaffeln 118
Maroniherzen 74
Maronikugeln 112
Marzipandatteln 117
Marzipankartoffeln 115
Marzipankekse 93
Marzipanmakronen 103
Marzipanravioli 106
Mohnmakronen 101
Mohnplätzchen 90
Mohnstollen 12

N
Nougatdatteln 117
Nougattaler mit Pistazienrand 88
Nußbaisers 97
Nuß- und Mohnrollen 30
Nußkugeln 104
Nußprinten 52
Nußstreifen 99
Nußwürfel 120

P
Panettone 14
Pfeffernüsse 49
Pflastersteine 46
Pistazienkugeln 82
Porzellanplätzchen 72

S
Schmandkringel 98
Schmätzle 50
Schokoladebrötchen 98
Skandinavisches Adventsgebäck 20
Spekulatius 56
Spitzbuben 80
Springerle 58
Spritzgebäck 71
Streifenhörnchen 90

T
Torrone 110

V
Vanillekipferl 63
Vollkornfrüchtebrot 28

W
Waffeln, Grundrezept 118
Walnuß-Rehrücken 26
Walnußtafeln 122
Weihnachtskranz 16
Weihnachtskugeln 108
Weihnachtsstollen 10
Weiße Lebkuchen 42
Wiener Dattelbusserl 109
Würzburger Marzipan 56

Z
Zimtsterne 64
Zuckerdatteln 116